TEOLOGÍA CONCISA PARA TODOS

Una guía de las creencias del cristianismo histórico

J. I. Packer

Originally published in English in the U.S.A. under the title: *Concise Theology*, by J. I. Packer. Copyright © 1993 by Foundation For Reformation. Spanish edition © 2023 by Editorial Portavoz, a division of Kregel Inc. with permission of Tyndale House Publishers. All rights reserved.

Publicado originalmente en inglés en los Estados Unidos con el título *Concise Theology*, de J. I. Packer. Copyright © 1993 por Foundation For Reformation. Edición en español © 2023 por Editorial Portavoz, filial de Kregel Inc. con permiso de Tyndale House Publishers. Todos los derechos reservados.

Texto de los elogios: © 2020 por Crossway. Utilizado con permiso.

Edición en castellano: *Teología concisa para todos* © 2023 por Editorial Portavoz, filial de Kregel Inc., Grand Rapids, Michigan 49505. Publicado anteriormente por Unilit con el título *Teología concisa*. Traducción utilizada con permiso. Revisada por Rodrigo Hinojosa.

El texto citado del Catecismo Mayor de Westminster, del Catecismo Menor de Westminster y de la Confesión de Fe de Westminster proviene de la traducción de la Confraternidad Latinoamericana de Iglesias Reformadas, © 2010. El texto citado de los Treinta y nueve artículos proviene de Ministerios Ligonier, © 2020, https://es.ligonier.org/recursos/credos-confesiones/.

Ninguna parte de esta publicación podrá ser reproducida, almacenada en un sistema de recuperación de datos, o transmitida en cualquier forma o por cualquier medio, sea electrónico, mecánico, fotocopia, grabación o cualquier otro, sin el permiso escrito previo de los editores, con la excepción de citas breves o reseñas.

A menos que se indique lo contrario, todas las citas bíblicas han sido tomadas de la versión Reina-Valera © 1960 Sociedades Bíblicas en América Latina; © renovado 1988 Sociedades Bíblicas Unidas. Utilizado con permiso. Reina-Valera 1960™ es una marca registrada de American Bible Society, y puede ser usada solamente bajo licencia.

Las cursivas en los versículos bíblicos son énfasis del autor.

EDITORIAL PORTAVOZ
2450 Oak Industrial Drive NE
Grand Rapids, MI 49505 USA
Visítenos en: www.portavoz.com

ISBN 978-0-8254-5037-2 (rústica)
ISBN 978-0-8254-7128-5 (Kindle)
ISBN 978-0-8254-7129-2 (epub)

1 2 3 4 5 edición / año 32 31 30 29 28 27 26 25 24 23

Impreso en los Estados Unidos de América
Printed in the United States of America

"*Teología concisa para todos* de J. I. Packer es la mejor guía sencilla de doctrina cristiana que conozco. Ya que es un libro sistemático, preciso y saturado con las Escrituras, a menudo lo utilizo para presentarles a los jóvenes y a los nuevos creyentes los fundamentos de su fe".

Philip Graham Ryken, presidente, Wheaton College

"J. I. Packer tiene el don de escribir teología de forma sencilla sin ser superficial. *Teología concisa para todos* coloca el alimento en la repisa más baja, donde podemos alcanzarla; no obstante, para nuestro deleite, no se trata de galletas de azúcar, sino de carne y de legumbres para el alma".

Joel R. Beeke, presidente, Puritan Reformed Theological Seminary; autor, *La predicación reformada*; coautor, *Teología sistemática reformada*

"*Teología concisa para todos* es poesía a los oídos del cristiano: las mejores palabras en el mejor orden sobre las mejores noticias que hay, el evangelio de la gracia derramada en Jesucristo. Aquí, Packer expone con brevedad y lucidez todo lo que los creyentes deben saber para llegar a ser cultos en cuestiones bíblicas y para crecer en sabiduría y en entendimiento. En este libro, la doctrina y la doxología van de la mano. Me deleita ver esta nueva edición, pues la descripción de Packer de los 'fundamentos permanentes' de la fe cristiana sigue siendo tan relevante hoy como lo fue cuando se publicó por primera vez".

Kevin J. Vanhoozer, profesor de investigación en Teología Sistemática, Trinity Evangelical Divinity School; autor, *El drama de la doctrina* y *Biblical Authority after Babel*

"J. I. Packer es uno de nuestros teólogos más importantes y, en este compendio clásico, logra algo notable: ilumina las profundidades de Dios en un lenguaje lúcido que tiene sentido. He tenido este tomo a la mano durante casi tres décadas y recibo con gusto esta nueva edición".

Timothy George, profesor de investigación en Divinidad, Beeson Divinity School, Samford University; editor general, *Reformation Commentary on Scripture*

"Aunque este libro fue publicado hace décadas, su introducción a la teología cristiana sigue siendo precisa, clara y especialmente valiosa por su inmersión profunda en el relato bíblico. *Teología concisa para todos* de J. I. Packer es, como lo afirma claramente, reformada y evangélica, lo que significa que algunos lectores deberán volverse como los de Berea y escudriñar las Escrituras para ver 'si estas cosas eran así'. Sin embargo, todos deberían encontrar valioso este libro para obtener iluminación y entendimiento, pero más aún para practicar la doxología y la devoción".

Mark A. Noll, autor, *Jesus Christ and the Life of the Mind*

CONTENIDO

SEGUNDA PARTE:
DIOS REVELADO COMO REDENTOR

TERCERA PARTE: DIOS REVELADO COMO SEÑOR DE LA GRACIA

CUARTA PARTE:
DIOS REVELADO COMO SEÑOR DEL DESTINO

PREFACIO

Esta obra presenta, de forma resumida, las cosas que a mi entender son los fundamentos permanentes del cristianismo, vistos al mismo tiempo como un sistema de creencias y como una forma de vida. Otros tendrán ideas diferentes sobre la forma en que se debería perfilar el cristianismo, pero esta es la mía. Es reformada y evangélica, y como tal, sostengo que es histórica y clásica dentro de la corriente central del cristianismo.

Esta información, que fue planificada, en primer lugar, para una Biblia de estudio y que ahora ha sido revisada, tiene un contenido bíblico intencional y, como otros de mis escritos, está salpicada de textos que se deben buscar. Propongo que es así como debe ser, porque para el cristianismo resulta fundamental recibir las enseñanzas bíblicas como instrucciones dadas por Dios, que proceden, tal como señaló Calvino, de su misma boca santa, por vía de agentes humanos. Si es cierto que las Escrituras son la predicación y la enseñanza de Dios mismo, como siempre ha sostenido el gran cuerpo de la iglesia, entonces el primer distintivo de la buena teología es que busca hacerse eco de la Palabra divina con toda la fidelidad posible.

La teología es, en primer lugar, la actividad de pensar y hablar acerca de Dios (teologizar) y, en segundo, el producto de dicha actividad (la teología de Lutero, o de Wesley, o de Finney, o de Wimber, o de Packer o de quien sea). Como actividad, la teología es toda una urdimbre de disciplinas relacionadas entre sí, aunque distintas: la aclaración de textos (exégesis), la síntesis de lo que dicen sobre los temas que tratan (teología bíblica), el estudio de la forma en que se ha expresado la fe en el pasado (teología histórica), su formulación para la actualidad (teología sistemática), el descubrimiento de sus implicaciones en cuanto a la conducta (ética), su elogio y defensa como verdad y sabiduría (apologética), la definición de la tarea cristiana en el mundo (misionología), la acumulación de recursos para la vida en Cristo (espiritualidad) y para la adoración corporativa (liturgia) y la exploración del ministerio (teología práctica). Los próximos capítulos, aunque esquemáticos, se adentran en todos estos aspectos.

Al recordar que el Señor Jesucristo no llamó *jirafas*, sino *ovejas* a los que Él quería alimentar, he tratado de mantener las cosas dentro de la mayor sencillez posible. Alguien dijo en cierta ocasión al arzobispo William Temple que él había hecho muy sencilla una cuestión compleja; él se sintió encantado y dijo de inmediato: "Señor, tú que me hiciste sencillo, hazme más sencillo aún". Me identifico con Temple y he tratado de mantener mi mente en sintonía con estos sentimientos.

Tal como les digo con frecuencia a mis estudiantes, la teología es para la doxología y la consagración; esto es, para alabar a Dios y practicar la santidad. Por consiguiente, la teología debe presentarse de tal forma que nos haga conscientes de la presencia divina. La teología está en su estado más sano cuando se halla conscientemente bajo la mirada del Dios de quien habla y cuando lo glorifica. Esto también lo he tratado de tener presente.

Estos estudios breves de grandes temas me parecen, ahora que los he hecho, como los viajes relámpago por Inglaterra que las compañías emprendedoras de autobuses organizan para los visitantes de Estados Unidos (quince minutos en Stonehenge, dos horas en Oxford, teatro y noche en Stratford, hora y media en York, una tarde en el Distrito Lake… *¡vaya!*). Cada uno de los capítulos no es más que una nota esquemática. Con todo, me atrevo a tener la esperanza de que mi material tan comprimido, que podríamos llamar "empacado por Packer", se pueda expandir en la mente de los lectores para levantar su corazón hacia Dios, de la misma forma en que el aire caliente levanta a los globos y a sus pasajeros hacia el cielo. Ya veremos.

La frecuencia con que cito la Confesión de Westminster podrá molestar a algunos, ya que soy anglicano y no presbiteriano. Sin embargo, puesto que esta Confesión fue hecha con la intención de ampliar los Treinta y Nueve Artículos, y la mayoría de los que le dieron forma eran clérigos anglicanos, y puesto que es algo así como una obra maestra, "el fruto más maduro de la redacción de credos en la Reforma", tal como la llamó B. B. Warfield, creo que tengo derecho a valorarla como parte de mi herencia anglicana reformada y a usarla como uno de mis principales recursos.

Reconozco con agradecimiento la mano escondida de mi tan admirado amigo R. C. Sproul, de quien procede la idea que fue el germen de varios de estos esquemas. Aunque difieran nuestros estilos, pensamos de manera muy similar y hemos cooperado felizmente en una serie de proyectos. He descubierto que, a veces, nos llaman "la mafia reformada", pero las palabras duras no rompen huesos y seguimos adelante.

También les debo dar las gracias a Wendell Hawley, mi editor, y a LaVonne Neff, mi correctora de estilo, por su colaboración y paciencia de muchas formas. Trabajar con ellos ha sido un privilegio y un placer.

J. I. Packer.

PRIMERA PARTE

DIOS REVELADO
COMO CREADOR

I
LA REVELACIÓN

La Escritura es la Palabra de Dios

Y las tablas eran obra de Dios, y la escritura era escritura de Dios,
grabada sobre las tablas.

ÉXODO 32:16

El cristianismo es el verdadero culto y servicio al verdadero Dios, Creador y Redentor de la humanidad. Es una religión que se apoya en la revelación: nadie sabría la verdad sobre Dios ni se podría relacionar con Él de una manera personal si Él no hubiera actuado primero para darse a conocer. Sin embargo, Dios lo ha hecho y los sesenta y seis libros de la Biblia, treinta y nueve escritos antes de venir Cristo y veintisiete después de su venida, constituyen juntos el registro escrito, la interpretación, la expresión y el prototipo de la revelación de sí mismo. Dios y la santidad son los temas que unen toda la Biblia.

Desde un punto de vista, las Escrituras (que significa "escritos") son el testimonio fiel de los santos a favor del Dios que amaron y sirvieron; desde otro punto de vista, por un ejercicio exclusivo mediante el cual Dios determinó su composición, son el testimonio y las enseñanzas del propio Dios en forma humana. La iglesia llama a estos escritos la "Palabra de Dios", porque tanto su autor como su contenido son divinos.

La seguridad decisiva de que las Escrituras proceden de Dios y están compuestas en su totalidad por su sabiduría y verdad procede de Jesucristo y de sus apóstoles, que enseñaron en su nombre. Jesús, Dios encarnado, consideraba su Biblia (nuestro Antiguo Testamento) como las instrucciones escritas de su Padre celestial, que tenía que obedecer tanto como los demás (Mt. 4:4, 7, 10; 5:19-20; 19:4-6; 26:31, 52-54;

Lc. 4:16-21; 16:17; 18:31-33; 22:37; 24:25-27, 45-47; Jn. 10:35) y que había venido a cumplir (Mt. 5:17-18; 26:24; Jn. 5:46). Pablo describe el Antiguo Testamento como totalmente "inspirado por Dios"; esto es, producto del Espíritu o aliento de Dios, de la misma manera que el cosmos (Sal. 33:6; Gn. 1:2). También afirma que fue escrito para enseñar a los cristianos (2 Ti. 3:15-17; Ro. 15:4; 1 Co. 10:11). Pedro sostiene el origen divino de las enseñanzas bíblicas en 2 Pedro 1:21 y 1 Pedro 1:10-12, y esto mismo hace con la forma en que cita los textos el autor de la Epístola a los Hebreos (He. 1:5-13; 3:7; 4:3; 10:5-7, 15-17; cp. Hch. 4:25; 28:25-27).

Puesto que las enseñanzas de los apóstoles sobre Cristo son en sí mismas verdad revelada en palabras enseñadas por Dios (1 Co. 2:12-13), con todo derecho, la iglesia considera los escritos apostólicos auténticos como parte de las Escrituras. Pedro ya se refería a las cartas de Pablo como parte de las Escrituras (2 P. 3:15-16) y es evidente que Pablo está llamando "Escritura" al Evangelio de Lucas en 1 Timoteo 5:18, donde cita las palabras de Lucas 10:7.

La idea de líneas directrices escritas, procedentes de Dios mismo, que forman la base para una vida santa se remonta al acto divino de escribir el Decálogo en tablas de piedra e indicarle después a Moisés que escribiera sus leyes y la historia de su trato con su pueblo (Éx. 32:15-16; 34:1, 27-28; Nm. 33:2; Dt. 31:9). Interiorizar este material y vivir de acuerdo con él fue siempre central en la consagración genuina de Israel, tanto para los líderes como para la gente común (Jos. 1:7-8; 2 R. 17:13; 22:8-13; 1 Cr. 22:12-13; Neh. 8; Sal. 119). El principio de que todo debe ser gobernado por las Escrituras; esto es, por el Antiguo Testamento y el Nuevo tomados en conjunto, es igualmente fundamental para el cristianismo.

Lo que dicen las Escrituras, Dios lo dice, porque, de una manera solo comparable al misterio de la encarnación, más profundo aún, la Biblia es, al mismo tiempo, humana por completo y divina por completo. Por consiguiente, debemos recibir todo su variado contenido (historias, profecías, poemas, cánticos, escritos sapienciales, sermones, estadísticas, cartas y cualquier otra cosa) como palabras procedentes de

Dios y debemos reverenciar todo cuanto enseñan los escritores de la Biblia como instrucción de origen divino y de toda autoridad. Los cristianos nos debemos sentir agradecidos a Dios por el don de su Palabra escrita y aplicarnos con ahínco a fundamentar nuestra fe y nuestra vida total y exclusivamente en ella. De no hacerlo así, nunca lo podremos honrar ni agradar como Él nos llama a hacerlo.

2

LA INTERPRETACIÓN

*Los cristianos podemos comprender
la Palabra de Dios*

Dame entendimiento, y guardaré tu ley, y la cumpliré de
todo corazón.

Salmos 119:34

Todos los cristianos tienen el deber y el derecho no solo de aprender de la herencia de fe de la iglesia, sino también de interpretar las Escrituras por sí mismos. La Iglesia de Roma tiene dudas sobre esto y alega que los individuos pueden fácilmente llegar a una interpretación errónea de las Escrituras. Esto es cierto, pero las siguientes reglas, si se observan con fidelidad, ayudarán a impedir que esto suceda.

Todos los libros de las Escrituras son de composición humana y, a pesar de que siempre se los debe venerar como Palabra de Dios, su interpretación debe comenzar por su carácter humano. Por consiguiente, la alegorización, que no tiene en cuenta el significado expresado por el escritor humano, nunca es adecuada.

Ninguno de sus libros fue escrito de manera codificada, sino de una forma que podían entender los lectores a los que iba dirigido. Esto es cierto, incluso con respecto a los libros que usan primariamente del simbolismo: Daniel, Zacarías y Apocalipsis. El argumento principal siempre está claro, aunque los detalles aparezcan poco claros. Por eso, cuando comprendemos las palabras utilizadas, el trasfondo histórico y las convenciones culturales del escritor y de sus lectores, vamos por buen camino para captar los pensamientos que se están presentando. No obstante, la comprensión espiritual; es decir, el discernimiento de la realidad de Dios, sus formas de tratar a la humanidad, su voluntad presente y nuestra propia relación con Él ahora y para el futuro, nunca nos alcanzará a partir del texto hasta que sea quitado el velo de nuestro corazón y podamos compartir la pasión del propio autor por conocer, agradar y honrar a Dios (2 Co. 3:16; 1 Co. 2:14). Aquí es necesario orar para que el Espíritu de Dios engendre esta pasión en nosotros y nos muestre a Dios en el texto (ver Sal. 119:18-19, 26-27, 33-34, 73, 125, 144, 169; Ef. 1:17-19; 3:16-19).

Cada uno de los libros tiene su lugar dentro del progreso de la revelación de la gracia de Dios, que comenzó en el Edén y alcanzó su punto culminante en Jesucristo, Pentecostés y el Nuevo Testamento apostólico. Debemos tener presente ese lugar cuando estudiemos el texto. Por ejemplo, los Salmos, que sirven de modelo para el corazón de los santos de todas las épocas, expresan sus oraciones y alabanzas en función de las realidades típicas (reyes y reinos terrenales, salud, riquezas, guerra, larga vida) que circunscribían la vida de la gracia en la era precristiana.

Todos y cada uno de los libros proceden de la misma mente divina, de manera que las enseñanzas de los sesenta y seis libros que componen la Biblia son complementarias entre sí y tienen coherencia interna total. Si no somos capaces de ver esto, el fallo está en nosotros y no en las Escrituras. Es cierto que las Escrituras nunca se contradicen entre sí; al contrario, los pasajes se explican unos a otros. Este sólido principio de interpretar las Escrituras por medio de otras Escrituras recibe algunas veces el nombre de "analogía de las Escrituras" o "analogía de la fe".

Cada uno de los libros presenta verdades inmutables con respecto a Dios, a la humanidad, a la piedad y a la impiedad, aplicadas a situaciones concretas en las que se hallaron ciertas personas y grupos humanos y que estos ejemplificaron. La etapa final en la interpretación bíblica consiste en reaplicar estas verdades a nuestra propia situación de vida; esta es la forma de discernir lo que Dios nos está diciendo desde las Escrituras a nosotros en este momento. Tenemos ejemplos de aplicaciones como esta cuando Josías se da cuenta de la ira de Dios porque Judá no ha sabido observar su ley (2 R. 22:8-13), o cuando Jesús razona a partir de Génesis 2:24 (Mt. 19:4-6) o Pablo usa Génesis 15:6 y Salmos 32:1-2 para mostrar la realidad de la justicia presente por la fe (Ro. 4:1-8).

No se debe tratar de hallar en las Escrituras (ni imponerles tampoco) significado alguno que no se pueda sacar con toda certeza de las mismas Escrituras; esto es, que no sea expresado de manera inequívoca por uno o más de sus escritores humanos.

La minuciosa observancia en oración de estas reglas es el distintivo de todo cristiano que "usa bien la palabra de verdad" (2 Ti. 2:15).

LA REVELACIÓN GENERAL

Dios es real y todos lo saben

Los cielos cuentan la gloria de Dios, y el firmamento anuncia la obra de sus manos.

Salmos 19:1

El mundo de Dios no es un escudo que esconda el poder y la majestad del Creador. A partir del orden natural, es evidente que existe un Creador majestuoso y lleno de poder. Pablo lo afirma en Romanos 1:19- 21 y en Hechos 17:28 pone por testigo a un poeta griego de que los humanos han sido creados por Dios. Él afirma también que la bondad de este Creador se hace evidente en su generosa providencia (Hch. 14:17; cp. Ro. 2:4) y que al menos algunas de las exigencias de su santa ley son conocidas por la conciencia de todos los seres humanos (Ro. 2:14-15), junto con la incómoda certeza de un juicio retributivo al final de todo (Ro. 1:32). Estas evidentes certezas constituyen el contenido de la revelación general.

La revelación general recibe este nombre porque todos la reciben tan solo en virtud de estar vivos dentro del mundo de Dios. Esto ha sido así desde el comienzo de la historia humana. Dios actúa para dar a conocer estos aspectos de sí mismo a todos los seres humanos, de manera que, en todos los casos, el no ser agradecido con el Creador y no servirlo en justicia constituye un pecado contra el conocimiento, y las declaraciones de que no se ha recibido este conocimiento no se deben tomar con seriedad. La revelación universal, por parte de Dios, de su poder, de que Él es digno de alabanza y de sus exigencias morales es el fundamento para la acusación que hace Pablo contra toda la raza humana, declarándola pecadora y culpable ante Dios por no servirlo como es debido (Ro. 1:18–3:19).

Ahora bien, Dios ha complementado la revelación general con una revelación más clara de sí mismo como Salvador de los pecadores mediante Jesucristo. Esta revelación, manifestada en la historia, compendiada en las Escrituras y que abre la puerta de la salvación para los perdidos, suele recibir el nombre de "revelación especial" o "específica". Esta comprende la expresión verbal explícita de todo lo que nos dice la revelación general sobre Dios y nos enseña a reconocer esa revelación en el orden natural, en los sucesos de la historia y en la composición de los seres humanos, de manera que aprendamos a ver al mundo entero, en expresión de Calvino, como un teatro de la gloria de Dios.

LA CULPA

El efecto de la revelación general

Porque lo que de Dios se conoce les es manifiesto, pues Dios
se lo manifestó.

ROMANOS 1:19

Las Escrituras dan por sentado (y la experiencia lo confirma) que
los seres humanos tienen inclinación natural por alguna forma de
religión y, con todo, no adoran a su Creador, cuya revelación general
de sí mismo lo da a conocer de manera universal. Ni el ateísmo teórico
ni el monoteísmo moral son naturales en nadie: el ateísmo es siempre
una reacción contra una creencia preexistente en Dios o en dioses, y el
monoteísmo natural emerge a raíz de la revelación especial.

Las Escrituras explican este estado de cosas al afirmar que el egoísmo
pecaminoso y la aversión a lo que nuestro Creador proclama sobre sí
mismo conducen a la humanidad hacia la idolatría, que significa la
transferencia de nuestra adoración y homenaje a algún poder u objeto
diferente al Dios Creador (Is. 44:9-20; Ro. 1:21-23; Col. 3:5). De esta
forma, los humanos apóstatas "detienen con injusticia la verdad" y
cambian "la gloria del Dios incorruptible en semejanza de imagen de
hombre corruptible, de aves, de cuadrúpedos y de reptiles" (Ro. 1:18,
23). Sofocan y mitigan tanto como pueden la conciencia que les da la
revelación general de que hay un Juez Creador trascendente, y adhieren
su indestructible sensación de que existe lo divino a objetos indignos
de ello. Esto conduce a su vez a una drástica decadencia moral, con su
consiguiente angustia, como primera manifestación de la ira de Dios
contra la apostasía del ser humano (Ro. 1:18, 24-32).

En la actualidad, en Occidente, la gente idolatra y, de hecho, adora una serie de objetos seculares, como la empresa, la familia, el fútbol y sentimientos placenteros de diversas clases. Sin embargo, la decadencia moral sigue siendo su consecuencia, tal como lo era cuando los paganos adoraban ídolos físicamente reales en los tiempos bíblicos.

Los seres humanos no pueden suprimir por entero su sensación de que hay un Dios ni la de su juicio presente y futuro; Dios mismo no está dispuesto a permitírselo. Siempre queda algún sentido de lo que es correcto o incorrecto y de que somos responsables ante un Juez divino que es santo. En nuestro mundo caído, todos aquellos cuya mente no se halla deteriorada de alguna forma tienen una conciencia que, en algunos puntos, los guía y que, de vez en cuando, los condena, diciéndoles lo que deberían sufrir por las maldades que han cometido (Ro. 2:14-16). Cuando la conciencia habla en esos términos, constituye en verdad la voz de Dios.

En cierto sentido, la humanidad caída es ignorante con respecto a Dios, puesto que aquello que la gente quiere creer, y de hecho cree, sobre los destinatarios de su adoración falsifica y distorsiona la revelación de Dios, de la que no pueden escapar. No obstante, en otro sentido, todos los seres humanos siguen estando conscientes de que hay un Dios y se sienten culpables, además de tener incómodos indicios de que se aproxima un juicio que no quisieran que se produjera. Solo el evangelio de Cristo puede poner en paz este perturbador aspecto de la situación del ser humano.

5

EL TESTIMONIO INTERNO

El Espíritu Santo es quien autentica las Escrituras

Pero vosotros tenéis la unción del Santo, y conocéis todas las cosas.

1 Juan 2:20

¿Por qué creen los cristianos que la Biblia es la Palabra de Dios, un grupo de sesenta y seis libros que forman una sola obra dedicada a nuestra instrucción, en la que Dios nos revela la realidad de la redención por medio de Jesucristo, el Salvador? La respuesta es que Dios mismo lo ha confirmado por medio de lo que llamamos el "testimonio interno del Espíritu Santo". Esta es la forma en que lo expresa la Confesión de Westminster (1647):

El testimonio de la Iglesia puede movernos e inducirnos a tener una estimación alta y reverencial por las Sagradas Escrituras. Asimismo, constituyen argumentos por los cuales ellas evidencian abundantemente, por sí mismas, ser la Palabra de Dios: el carácter celestial de su contenido, la eficacia de su doctrina, la majestad de su estilo, la armonía de todas sus partes, el propósito de todo su conjunto (que es dar toda gloria a Dios), la plena revelación que hacen del único camino de la salvación del ser humano, las muchas otras incomparables excelencias y su total perfección. Sin embargo, nuestra completa persuasión y seguridad de su infalible verdad y de su autoridad divina, proviene del Espíritu Santo que obra en nuestro interior, dando testimonio en nuestros corazones mediante la Palabra y con la Palabra (I.5).

El testimonio del Espíritu a favor de las Escrituras es semejante a su testimonio a favor de Jesús, que encontramos en Juan 15:26 y 1 Juan 5:7 (cp. 1 Jn. 2:20, 27). No es cuestión de impartir información nueva, sino de iluminar mentes anteriormente oscurecidas para que disciernan la divinidad al darse cuenta del incomparable efecto que tiene: en un caso, el efecto provocado por el Jesús del evangelio y, en el otro, el provocado por las palabras de las Sagradas Escrituras. El Espíritu resplandece en nuestro corazón para darnos la luz del conocimiento de la gloria de Dios, no solo en la faz de Jesucristo (2 Co. 4:6), sino también en la doctrina de las Sagradas Escrituras. La consecuencia de este testimonio es un estado mental en el que tanto el Salvador como las Escrituras se nos evidencian a sí mismos como divinos (Jesús, una persona divina; las Escrituras, un producto divino) de una forma tan directa, inmediata y cautivadora como cuando los sabores y los colores se evidencian al imponerse a nuestros sentidos. En consecuencia, no nos sigue siendo posible dudar de la divinidad de Cristo ni de la Biblia.

Es así como Dios autentica ante nosotros las Sagradas Escrituras como Palabra suya; no por medio de alguna experiencia mística, ni por información secreta susurrada en privado en algún oído interior, ni tampoco únicamente por medio de argumentos humanos (por fuertes que sean) ni únicamente por el testimonio de la iglesia (por impresionante que sea cada vez que contemplemos la historia de estos dos mil años pasados). Más bien, Dios lo hace por medio de la luz exploradora y el poder transformador que utilizan las Escrituras para dar evidencias de que son divinas. Los efectos que producen esta luz y este poder son en sí mismos el testimonio del Espíritu "en nuestros corazones mediante la Palabra y con la Palabra". Los argumentos, el testimonio de otras personas y nuestras propias experiencias personales nos podrán preparar para recibir este testimonio, pero impartirlo, al igual que sucede con la fe en Cristo como Salvador divino, es prerrogativa exclusiva del Espíritu Santo en su soberanía.

La iluminación del Espíritu, que da testimonio a favor de la divinidad de la Biblia, constituye una experiencia universal entre los cristianos y ha sido así desde el principio, aunque muchos cristianos no hayan sabido ponerla en palabras ni manejar la Biblia de una manera que esté de acuerdo con ella.

6

LA AUTORIDAD DE DIOS

*Dios gobierna a su pueblo por
medio de las Escrituras*

Toda la Escritura es inspirada por Dios, y útil para enseñar,
para redargüir, para corregir, para instruir en justicia.

2 TIMOTEO 3:16

El principio cristiano de la autoridad bíblica significa, por una parte, que Dios tiene el propósito de dirigir la fe y la conducta de su pueblo por medio de la verdad revelada que aparece en las Sagradas Escrituras; por otra, que todas nuestras ideas respecto a Él deben ser medidas, probadas y, cuando sea necesario, corregidas y aumentadas en función de las enseñanzas bíblicas. La autoridad como tal es el derecho, la exigencia, la capacidad y, por extensión, el poder para dominar. En el cristianismo, la autoridad le pertenece al Dios Creador que nos hizo para conocerlo, amarlo y servirlo, y su forma de ejercer su autoridad sobre nosotros es por medio de la verdad y la sabiduría de su Palabra escrita. Así como, desde el punto de vista humano, todos los libros de la Biblia fueron escritos para inducir un servicio más constante y profundo a Dios, también desde el punto de vista divino, toda la Biblia tiene este propósito. Y, ya que el Padre le ha dado ahora al Hijo autoridad ejecutiva para gobernar el cosmos en su nombre (Mt. 28:18), las Escrituras funcionan en la actualidad precisamente como el instrumento del señorío de Cristo sobre sus seguidores. Todas las Escrituras son como las cartas de Cristo a las siete iglesias (Ap. 2–3) en este aspecto.

¿Dónde se puede hallar hoy la verdad de Dios llena de autoridad? Se dan tres respuestas y cada una de ellas apela a la Biblia de su propia forma.

La Iglesia católica romana y la Iglesia ortodoxa hallan la verdad de Dios, según creen, en las interpretaciones de las Escrituras incorporadas a su propia tradición y consenso. Consideran que la Biblia es la verdad que nos ha entregado Dios, pero insisten en que es la iglesia quien debe interpretarla y que es infalible cuando lo hace.

Por contraste, aquellos clasificados como liberales, radicales, modernistas o subjetivistas encuentran la verdad de Dios en los pensamientos, las impresiones, los juicios, las teorías y las especulaciones que las Escrituras despiertan en su propia mente. Al mismo tiempo que desechan el concepto neotestamentario sobre la inspiración de las Escrituras y no tratan su Biblia como un documento digno de confianza ni formado por transcripciones absolutas y llenas de autoridad del pensamiento divino, se sienten confiados en que el Espíritu los guía a ellos a escoger y desechar de una manera tal que el resultado obtenido es sabiduría procedente de Dios.

En cambio, el protestantismo histórico halla la verdad de Dios en las enseñanzas de las Escrituras canónicas como tales. Recibe estas Escrituras como inspiradas (es decir, producto del aliento divino, 2 Ti. 3:16), inerrantes (esto es, totalmente ciertas en todo cuanto afirman), suficientes (es decir, que nos dicen todo cuanto Dios nos quiere decir y todo cuanto necesitamos saber para la salvación y la vida eterna) y claras (esto es, directas y que se interpretan a sí mismas en todas las cuestiones de importancia).

Las dos primeras posiciones consideran que los juicios humanos sobre la Biblia son decisivos para la verdad y la sabiduría; la tercera, al mismo tiempo que valora la herencia de la iglesia en cuanto a convicciones y aprecia las exigencias de coherencia que lleva consigo el pensamiento racional, somete de manera sistemática todos los pensamientos humanos a las Escrituras, las cuales toma seriamente como canon. La palabra *canon* significa "regla" o "norma". Las dos primeras posiciones hablan de las Escrituras como canon, pero no las toman con una seriedad total como regla operativa para la fe y la vida. De esta forma, en la práctica, no aceptan totalmente su autoridad y, por consiguiente, su profesión de cristianismo, aunque sea sincera, resulta defectuosa.

EL CONOCIMIENTO DE DIOS

*El verdadero conocimiento de
Dios procede de la fe*

Mas alábese en esto el que se hubiere de alabar: en entenderme
y conocerme que yo soy Jehová, que hago misericordia, juicio
y justicia en la tierra; porque estas cosas quiero, dice Jehová.

JEREMÍAS 9:24

En 1 Timoteo 6:20-21, Pablo advierte a Timoteo contra "la falsamente llamada ciencia [en griego, *gnósis*], la cual profesando algunos, se desviaron de la fe". Pablo está atacando las tendencias teosóficas y religiosas que se desarrollaron hasta convertirse en gnosticismo en el siglo II. Los que enseñaban estas creencias y prácticas instaban a los creyentes a ver su consagración cristiana como una especie de primer paso algo confuso en el camino hacia el "conocimiento", y los exhortaban a dar más pasos dentro de ese camino. Estos maestros consideraban el orden material como algo carente de valor y el cuerpo, como una prisión para el alma; por otro lado, trataban la iluminación como la respuesta total a las necesidades espirituales de los seres humanos. Negaban que el pecado tuviera parte alguna en el problema, y la "ciencia" (conocimiento) que ofrecían solo tenía que ver con conjuros, contraseñas celestiales y disciplinas de misticismo y desapego de la realidad. Habían clasificado a Jesús como un maestro sobrenatural que había tenido aspecto de humano, aunque no lo era; negaban la encarnación y la expiación, y reemplazaban el llamado de Cristo a una vida santa con recetas de ascetismo o concesiones a una vida licenciosa. Las cartas de Pablo a Timoteo (1 Ti. 1:3-4; 4:1-7; 6:20-21; 2 Ti. 3:1-9); Judas 4, 8-19; 2 Pedro 2 y las dos primeras cartas de Juan (1 Jn. 1:5-10; 2:9-11, 18-29; 3:7-10; 4:1-6, 5:1-12; 2 Jn. 7-11) se oponen de manera explícita a las creencias y prácticas que emergerían más tarde bajo la forma del gnosticismo.

En contraste con esto, las Escrituras hablan de "conocer" a Dios como el ideal para la persona espiritual: esto es, llegar a una plenitud de una relación de fe que traiga salvación y vida eterna, y produzca amor, esperanza, obediencia y gozo (ver, p. ej.: Éx. 33:13; Jer. 31:34; He. 8:8-12; Dn. 11:32; Jn. 17:3; Gá. 4:8-9; Ef. 1:17-19; 3:19; Fil. 3:8-11; 2 Ti. 1:12). Las dimensiones de este conocimiento son intelectuales (conocer la verdad sobre Dios: Dt. 7:9; Sal. 100:3); volitivas (confiar en Dios, obedecerlo y adorarlo en función de esa verdad); y morales (practicar la justicia y el amor: Jer. 22:16; 1 Jn. 4:7-8). La fe/conocimiento se centra en Dios encarnado, Jesucristo hombre, el mediador entre Dios y nosotros los pecadores, por medio del cual llegamos a conocer a su Padre como Padre nuestro (Jn. 14:6). La fe busca conocer de manera concreta a Cristo y su poder (Fil. 3:8-14). El conocimiento de la fe es el fruto de la regeneración, la entrega de un corazón nuevo (Jer. 24:7; 1 Jn. 5:20) y de la iluminación del Espíritu (2 Co. 4:6; Ef. 1:17). La relación de conocimiento es recíproca e implica afecto y pacto por ambas partes: nosotros conocemos a Dios como nuestro, porque Él nos conoce a nosotros como suyos (Jn. 10:14; Gá. 4:9; 2 Ti. 2:19).

Todas las Escrituras nos han sido entregadas para ayudarnos a conocer a Dios de esta forma. Esforcémonos por usarlas de la manera correcta.

LA CREACIÓN

Dios es el creador

¡Cuán innumerables son tus obras, oh Jehová! Hiciste todas
ellas con sabiduría; la tierra está llena de tus beneficios.

Salmos 104:24

"En el principio creó Dios los cielos y la tierra" (Gn. 1:1). Lo hizo
por decreto, sin que hubiera ningún material preexistente; su
decisión de que existieran las cosas ("Sea…") fue la que les dio el
ser y las formó en su orden, con una existencia que depende de su
voluntad, aunque es distinta de la suya. Padre, Hijo y Espíritu Santo
participaron juntos en esto (Gn. 1:2; Sal. 33:6, 9; 148:5; Jn. 1:1-3;
Col. 1:15-16; He. 1:2; 11:3). Debemos tener en cuenta los puntos
siguientes:

1. El acto creador es un misterio para nosotros; en él hay cosas
    que no podemos comprender. Nosotros no podemos crear
    por decreto y no sabemos cómo pudo hacerlo Dios. Decir
    que creó "a partir de la nada" equivale a confesar el miste-
    rio, no a explicarlo. En particular, no podemos concebir de
    qué forma una existencia dependiente puede ser al mismo
    tiempo distinta, ni cómo los ángeles y los seres humanos,
    en su existencia dependiente, en lugar de ser autómatas,
    pueden ser criaturas capaces de tomar decisiones libres, de
    las cuales son moralmente responsables ante su Hacedor.
    Sin embargo, las Escrituras nos enseñan en todo momento
    que así son las cosas.

2. El espacio y el tiempo son dimensiones del orden creado; Dios no está "dentro" de ninguno de los dos ni está atado a ninguno de ellos, como nos sucede a nosotros.

3. Puesto que el orden del mundo no se ha creado a sí mismo, tampoco puede sustentarse a sí mismo, como sí puede hacerlo Dios. La estabilidad del universo depende de que Dios lo sustente continuamente; este ministerio le pertenece concretamente al Hijo divino (Col. 1:17; He. 1:3) y, sin Él, todas las criaturas, de todas las clases, incluyéndonos a nosotros, dejarían de ser. Esto es lo que Pablo dijo a los atenienses: "Él es quien da a todos vida y aliento y todas las cosas [...]. En él vivimos, y nos movemos, y somos" (Hch. 17:25, 28).

4. La posibilidad de intrusiones de tipo creador (p. ej.: los milagros del poder creador, la creación de nuevas personas por medio de la actividad procreadora humana; la reorientación de los corazones humanos y de nuestros anhelos y energías en la regeneración) es tan antigua como el mismo cosmos. Hasta qué punto Dios, en su actividad de sustentarnos, continúa creando realmente cosas nuevas es algo que no se puede explicar en función de nada que haya sucedido antes y está más allá de nuestro poder saberlo; sin embargo, ciertamente su mundo permanece abierto a su poder creativo en todos sus puntos.

Saber que Dios creó el mundo que nos rodea y a nosotros como parte de este es un punto fundamental de la religión verdadera. Debemos alabar a Dios como Creador a causa del orden maravilloso, la variedad y la belleza de sus obras. El Salmo 104, entre otros, es modelo de este tipo de alabanza. Debemos confiar en Dios como Señor soberano, poseedor de un plan eterno que abarca sin excepción todos los acontecimientos y los destinos, y que tiene poder para redimir, crear de nuevo y renovar; esa confianza se vuelve racional cuando recordamos que estamos confiando en el Creador omnipotente. Cuando nos damos cuenta de que nuestra existencia misma depende, momento tras momento, del Dios creador, encontramos adecuado llevar una vida de entrega, consagración, gratitud y lealtad a Él, y nos parece algo escandaloso no hacerlo. La piedad comienza aquí, con Dios, el Creador soberano, como foco principal de nuestros pensamientos.

9

LA REVELACIÓN DE DIOS DE SÍ MISMO

"Este es mi nombre"

Además dijo Dios a Moisés: Así dirás a los hijos de Israel: Jehová, el Dios de vuestros padres, el Dios de Abraham, Dios de Isaac y Dios de Jacob, me ha enviado a vosotros. Este es mi nombre para siempre; este es mi memorial por todos los siglos.

ÉXODO 3:15

En el mundo moderno, el nombre de una persona no es más que una etiqueta para identificarlo, como un número, y se le podría cambiar sin perderse nada. En cambio, los nombres en la Biblia tienen como trasfondo cultural la extendida tradición de que los nombres personales proporcionan información al describir, de alguna forma, quién es la persona. El Antiguo Testamento celebra constantemente el hecho de que Dios ha dado a conocer su nombre a Israel y los salmos dirigen una y otra vez su alabanza hacia el nombre de Dios (Sal. 8:1; 113:1-3; 145:1-2; 148:5, 13). Aquí, "nombre" significa Dios mismo, tal como se ha revelado por palabra y por obra. En el corazón de esta revelación de sí mismo, se halla el nombre con el que autorizó a Israel a invocarlo: *Yahvé*, como lo escriben los eruditos modernos, *Jehová*, como se solía escribir, o *el Señor*, como aparece en numerosas versiones del Antiguo Testamento.

Dios declaró su nombre a Moisés cuando le habló desde la zarza que ardía continuamente sin consumirse. Comenzó por identificarse como el Dios que se había comprometido por medio de un pacto con los patriarcas (cp. Gn. 17:1-14); después, cuando Moisés le preguntó cuál le podría decir al pueblo que era su nombre (porque los antiguos daban por supuesto que las oraciones solo eran oídas si se decía de manera correcta el nombre de aquel a quien iban dirigidas), Dios le dijo primero: "YO SOY EL QUE SOY"; después lo acortó para decir "YO SOY"; y terminó llamándose "Jehová [nombre que suena como 'YO SOY' en hebreo, y que algunas versiones sustituyen por la expresión 'el Señor'], el Dios de vuestros padres" (Éx. 3:6, 13-16). El nombre, en todas sus formas, proclama su realidad soberana, eterna, autosustentable y autodeterminante: ese modo sobrenatural de existir, del que era señal la zarza ardiente. Podríamos decir que la zarza era la ilustración tridimensional con la que Dios estaba presentando su propia vida inagotable. "Este es mi nombre para siempre", dijo; esto es, su pueblo debía pensar siempre en Él como el rey viviente, dominante, potente, a quien nada ni nadie puede atar o disminuir, tal como la zarza ardiente mostraba que era (Éx. 3:15).

Más tarde (Éx. 33:18–34:7), Moisés pide ver la "gloria" de Dios (su manifestación de sí mismo digna de adoración) y, en respuesta, Dios proclamó "el nombre de Jehová" de esta forma: "¡Jehová! ¡Jehová! fuerte, misericordioso y piadoso; tardo para la ira, y grande en misericordia y verdad; que guarda misericordia a millares, que perdona la iniquidad, la rebelión y el pecado, y que de ningún modo tendrá por inocente al malvado". En la zarza ardiente, Dios había respondido a esta pregunta: ¿Cómo existe Dios? Aquí, responde a esta otra: ¿Cómo se comporta Dios? Este anuncio fundamental de su personalidad moral tiene frecuente eco en textos posteriores de las Escrituras (Neh. 9:17; Sal. 86:15; Jl. 2:13; Jn. 4:2). Todo esto forma parte de su "nombre", es decir, de la revelación que Él hace de su naturaleza, por la cual ha de ser adorado para siempre.

Dios completa esta revelación sobre la gloria de su personalidad moral al llamarse a sí mismo "Jehová, cuyo nombre es Celoso" (Éx. 34:14). Esto hace un fuerte eco de lo que dijo sobre sí en la declaración del segundo mandamiento (Éx. 20:5). Los celos que afirma tener se relacionan con el pacto: es la virtud del amante entregado que quiere la lealtad total de aquella a quien se ha comprometido a honrar y a servir.

En el Nuevo Testamento, las palabras y los hechos de Jesús, el Hijo encarnado, constituyen una revelación plena del pensamiento, las actitudes, los caminos, los planes y los propósitos de Dios Padre (Jn. 14:9-11; cp. 1:18). En el Padre Nuestro, las palabras "santificado sea tu nombre" (Mt. 6:9) expresan el anhelo de que la primera persona de la Trinidad sea reverenciada y alabada como lo merece el esplendor de la revelación que de sí ha hecho. Dios es digno de recibir gloria por todas las glorias de su nombre; esto es, su gloriosa revelación de sí mismo en la creación, la providencia y la gracia.

LA EXISTENCIA DE DIOS EN SÍ MISMO

Dios siempre ha sido

Antes que naciesen los montes y formases la tierra y el mundo,
desde el siglo y hasta el siglo, tú eres Dios.

SALMOS 90:2

Los niños preguntan a veces: "¿Quién hizo a Dios?". La respuesta más clara consiste en decirles que nunca fue necesario hacer a Dios, porque Él siempre ha existido. Él existe de una forma distinta a la nuestra: nosotros, sus criaturas, existimos de una manera frágil, finita, derivada y dependiente, pero nuestro Hacedor existe de una manera necesaria, eterna, en la que se sostiene a sí mismo (necesaria en el sentido de que Dios no tiene en sí la posibilidad de dejar de existir, así como nosotros no tenemos en nuestro ser la de vivir para siempre). Es necesario que envejezcamos y muramos, porque forma parte de nuestra naturaleza actual que nos suceda esto; en cambio, Dios continúa inmutable para siempre, de manera necesaria, porque forma parte de su naturaleza el que sea así. Este es uno de los numerosos contrastes entre la criatura y el Creador.

La existencia de Dios en sí mismo es una verdad fundamental. Al comenzar su presentación del Dios desconocido ante los idólatras atenienses, Pablo les explicó que este Dios, el Creador del mundo, "no es honrado por manos de hombres, como si necesitase de algo; pues él es quien da a todos vida y aliento y todas las cosas" (Hch. 17:23-25). Tanto en las religiones tribales de hoy como en la Atenas de la Antigüedad, el pensamiento es el mismo: los sacrificios ofrecidos a los ídolos son una forma de mantener vivo a su dios; en cambio, el Creador no necesita de ningún sistema de apoyo como este. Los teólogos crearon la palabra *aseidad*, que significa que Él tiene vida en sí mismo y extrae de su propio ser su inagotable energía (en latín, *a se* significa "de sí mismo") para expresar esta verdad que la Biblia presenta de manera clara (Sal. 90:1-4; 102:25-27; Is. 40:28-31; Jn. 5:26; Ap. 4:10).

En teología, son innumerables los errores que se originan de la suposición de que las condiciones, las certezas y los límites de nuestra propia existencia finita se aplican también a Dios. La doctrina de su aseidad se levanta como baluarte contra todos estos errores. En nuestra vida de fe, nos es fácil empobrecernos al abrazar una idea de Dios demasiado limitada y pequeña y, una vez más, la aseidad se levanta como baluarte para impedir que esto suceda. Es vital para nuestra salud espiritual que creamos que Dios es grande (cp. Sal. 95:1-7) y captar la verdad de su aseidad es el primer paso en el camino para lograrlo.

II

LA TRASCENDENCIA
DE DIOS

La naturaleza de Dios es espiritual

> Jehová dijo así: El cielo es mi trono, y la tierra estrado de mis pies; ¿dónde está la casa que me habréis de edificar, y dónde el lugar de mi reposo?

ISAÍAS 66:1

"Dios es espíritu", afirmó Jesús a la mujer samaritana junto al pozo (Jn. 4:24). Aunque es un ser totalmente personal, Dios no vive en un cuerpo ni por medio de este, como nosotros. Por tanto, no está anclado dentro de un marco espaciotemporal. De esta realidad y del hecho de que Él tiene existencia en sí mismo y no está marcado como nosotros por la desintegración personal (falta de concentración y de control) que el pecado ha producido en nosotros, se derivan varias cosas.

En primer lugar, Dios no está limitado ni por el espacio (está en todas partes y en toda su plenitud continuamente) ni por el tiempo (no hay "momento presente" en el que se encuentre encerrado, como nosotros). Los teólogos se refieren a la libertad que tiene Dios con respecto a los límites y las ataduras como su infinitud, su inmensidad y su trascendencia (1 R. 8:27; Is. 40:12-26; 66:1). Puesto que es Él quien sostiene todas las cosas para que existan, también tiene siempre presentes todas las cosas en todos los lugares, en su relación propia con su plan y propósito totales para cada cosa y cada persona de su mundo (Dn. 4:34-35; Ef. 1:11).

En segundo lugar, Dios es inmutable. Esto significa que es totalmente coherente: puesto que es perfecto por necesidad, no puede cambiar ni para mejorar ni para empeorar; y puesto que no se halla inmerso en el tiempo, no está sujeto a cambios, como les sucede a las criaturas (2 P. 3:8). Lejos de hallarse desconectado e inmóvil, Él está siempre activo en su mundo, haciendo constantemente que broten cosas nuevas (Is. 42:9; 2 Co. 5:17; Ap. 21:5), pero en todo esto expresa su carácter perfecto con una coherencia también perfecta. Precisamente, es la inmutabilidad de su carácter la que garantiza que cumplirá las palabras que ha dicho y los planes que ha hecho (Nm. 23:19; Sal. 33:11; Mal. 3:6; Stg. 1:16-18). Esta inmutabilidad explica de la misma forma por qué, cuando una persona cambia de actitud hacia Él, también Él cambia su actitud hacia esa persona (Gn. 6:5-7; Éx. 32:9-14; 1 S. 15:11; Jon. 3:10). La idea de que esta inmutabilidad de Dios implica una impasible indiferencia ante lo que está sucediendo en este mundo es diametralmente opuesta a la verdad.

En tercer lugar, los sentimientos de Dios no se hallan fuera de su control, como sucede con los nuestros con tanta frecuencia. Los teólogos expresan esto diciendo que Dios es impasible. No quieren decir con esto que carezca por completo de sentimientos, sino que lo que siente, al igual que lo que hace, es cuestión de una decisión voluntaria y deliberada suya y se halla incluido en la unidad de su ser infinito. Dios nunca es víctima nuestra, en el sentido de que le hagamos sufrir donde Él no haya escogido primero sufrir. No obstante, abundan las Escrituras que expresan la realidad de las emociones de Dios (gozo, angustia, ira, agrado, amor, odio, etc.) y es un gran error olvidar que Dios siente, aunque necesariamente de una forma que trasciende la experiencia emocional de los seres finitos.

En cuarto lugar, todos los pensamientos y las acciones de Dios implican todo su ser. Esto es su integración, llamado a veces "simplicidad". Esta cualidad marca un fuerte contraste con la complejidad y falta de integración de nuestra propia existencia personal, en la cual, como consecuencia del pecado, muy raras veces podemos concentrar todo nuestro ser y todos nuestros poderes en algo, si es que lo logramos alguna vez. En cambio, uno de los aspectos de las maravillas de Dios es que Él dedica de manera simultánea su atención total e indivisa, no a una sola cosa, sino a todas las cosas y todas las personas, en cualquier lugar de este mundo, tanto en el pasado como en el presente y en el futuro (cp. Mt. 10:29-30).

En quinto lugar, el Dios que es espíritu debe ser adorado en espíritu y en verdad, como dijo Jesús (Jn. 4:24). "En espíritu" significa "desde un corazón renovado por el Espíritu Santo". Ningún rito, movimiento corporal ni formalidad piadosa constituye adoración sin la participación del corazón; esto solo lo puede causar el Espíritu Santo. "En verdad" significa "fundamentado en la revelación hecha por Dios de la realidad que culmina en Jesucristo, la Palabra encarnada". En primer lugar y por encima de todo, se trata de la revelación de lo que somos como pecadores perdidos y de lo que es Dios para nosotros como el Creador Redentor en el ministerio mediador de Jesús.

En el presente, ningún lugar en la tierra ha sido dispuesto como único centro de adoración. La habitación simbólica de Dios en la Jerusalén terrenal fue reemplazada, cuando llegó la hora (Jn. 4:23), por su habitación en la Jerusalén celestial, desde la cual ministra Jesús actualmente (He. 12:22-24). En el Espíritu, "cercano está Jehová a todos los que le invocan, a todos los que le invocan de veras", dondequiera que estén (Sal. 145:18; cp. He. 4:14-16). Esta disponibilidad de Dios a nivel mundial es parte de las buenas nuevas del evangelio; es un maravilloso beneficio y no deberíamos darlo por sentado.

12

LA OMNISCIENCIA DE DIOS

Dios ve y sabe todo

Los ojos de Jehová están en todo lugar, mirando a los malos y
a los buenos.

PROVERBIOS 15:3

La palabra *omnisciente* significa "que lo sabe todo". Las Escrituras declaran que los ojos de Dios lo recorren todo (Job 24:23; Sal. 33:13-15; 139:13-16; Pr. 15:3; Jer. 16:17; He. 4:13). Él escudriña todos los corazones y observa los caminos de todos (1 S. 16:7; 1 R. 8:39; 1 Cr. 28:9; Sal. 139:1-6, 23; Jer. 17:10; Lc. 16:15; Ro. 8:27; Ap. 2:23). En otras palabras, lo sabe todo sobre todo y todos, todo el tiempo. Además, conoce el futuro con tanta seguridad como el pasado y el presente, tanto los sucesos posibles que nunca tendrán lugar, como los sucesos reales que sí se producen (1 S. 23:9-13; 2 R. 13:19; Sal. 81:14-15; Is. 48:18). Tampoco necesita tener "acceso" a información alguna sobre las cosas, como una computadora haría para sacar un documento de un archivo; todo su conocimiento está siempre ante su mente de manera inmediata y directa. Los escritores bíblicos mantienen un profundo temor reverencial ante la capacidad de la mente divina a este respecto (Sal. 139:1-6; 147:5; Is. 40:13-14, 28; cp. Ro. 11:33-36).

El conocimiento de Dios está unido a su soberanía; Él conoce todas y cada una de las cosas, tanto en ellas mismas como en su relación con las demás, porque fue Él quien las creó, las sostiene y las hace funcionar en cada momento de acuerdo con su plan para ellas

(Ef. 1:11). La idea de que Dios pueda saber y conocer de antemano todo, sin controlarlo todo, nos parece no solo contraria a la Biblia, sino carente de sentido.

Para el creyente cristiano, el conocimiento de la omnisciencia de Dios debe producirle la seguridad de que Él no lo ha olvidado, sino que está cuidando de él y que seguirá haciéndolo conforme a sus promesas (Is. 40:27-31). En cambio, para cualquiera que no sea cristiano, la verdad del conocimiento universal de Dios debe ser causa de temor, porque le servirá para recordar que no es posible esconderse a sí mismo, ni a sus pecados, de la vista de Dios (Sal. 139:7-12; 94:1-11; Jn. 1:1-12).

13

LA SOBERANÍA DE DIOS

Dios reina

Mas al fin del tiempo yo Nabucodonosor alcé mis ojos al cielo,
y mi razón me fue devuelta; y bendije al Altísimo, y alabé y glo-
rifiqué al que vive para siempre, cuyo dominio es sempiterno,
y su reino por todas las edades.

Daniel 4:34

La afirmación de la soberanía absoluta de Dios en la creación, la providencia y la gracia es fundamental para las creencias y la alabanza
bíblicas. La visión de Dios en su trono (esto es, reinando) aparece una
y otra vez (1 R. 22:19; Is. 6:1; Ez. 1:26; Dn. 7:9; Ap. 4:2; cp. Sal. 11:4;
45:6; 47:8-9; He. 12:2; Ap. 3:21) y se nos dice constantemente con
términos explícitos que Jehová (el Señor) reina como monarca y ejerce
su dominio sobre las cosas grandes y las pequeñas por igual (Éx. 15:18;
Sal. 47; 93; 96:10; 97; 99:1-5; 146:10; Pr. 16:33; 21:1; Is. 24:23; 52:7;
Dn. 4:34-35; 5:21-28; 6:26; Mt. 10:29-31). El dominio de Dios es
total: su voluntad es la que decide y lleva a cabo todo cuanto decide y
nadie puede detener su mano ni frustrar sus planes.

A lo largo de todas las Escrituras, aparece con claridad que las criaturas racionales de Dios, tanto angélicas como humanas, poseen libre
albedrío (poder para tomar decisiones personales en cuanto a lo que
deben hacer); de no ser así, no seríamos seres morales, responsables ante
Dios como Juez; tampoco sería entonces posible distinguir, como lo
hacen las Escrituras, entre las malas intenciones de los agentes humanos
y las buenas intenciones de Dios, quien utiliza en su soberanía las acciones humanas como medio planificado para llegar a sus propias metas

(Gn. 50:20; Hch. 2:23; 13:26-39). Con todo, la realidad del libre albedrío nos hace enfrentarnos con un misterio, puesto que el control de Dios sobre nuestras actividades libres y decididas por nosotros mismos es tan completo como lo es sobre cualquier otra cosa; cómo puede ser esto, lo desconocemos. No obstante, Dios ejerce de ordinario su soberanía al permitir que las cosas tomen su curso, más que por intrusiones milagrosas que crean perturbación.

En el Salmo 93, se dice que la realidad del dominio soberano de Dios

1.   garantiza la estabilidad del mundo contra todas las fuerzas del caos (vv. 1b-4);
2.   confirma que todo cuanto Dios manifiesta u ordena es digno de confianza (v. 5a); y
3.   llama a su pueblo a darle el homenaje de la santidad (v. 5b).

Todo este salmo expresa gozo, esperanza y confianza en Dios, y esto no es sorprendente. Nos conviene tomarnos muy en serio esta enseñanza.

14

LA OMNIPOTENCIA
DE DIOS

Dios es omnipresente y todopoderoso

¿Se ocultará alguno, dice Jehová, en escondrijos que yo no lo
vea? ¿No lleno yo, dice Jehová, el cielo y la tierra?

JEREMÍAS 23:24

Dios está presente en todas partes; sin embargo, no debemos pensar que esto significa que llena espacios, puesto que no tiene dimensiones físicas. Él llena todas las cosas en su condición de espíritu puro, en una relación de inmanencia que va más allá de nuestra comprensión como criaturas confinadas a un cuerpo. Sin embargo, hay una cosa clara y es que Él está presente en todas partes, en la plenitud de todo lo que es y de todos los poderes que tiene; por tanto, las almas necesitadas que oran, en cualquier lugar del mundo que estén, reciben con la misma plenitud una atención absoluta por parte de Él. Puesto que Dios es omnipresente, puede prestar una atención total a millones de personas al mismo tiempo. La creencia en que Dios es omnipresente, entendida así, se refleja en Salmos 139:7-10; Jeremías 23:23-24 y Hechos 17:24-28. Cuando Pablo habla de que el Cristo ascendido a los cielos llena todas las cosas (Ef. 4:10), ciertamente parte de lo que significa es que Cristo está disponible en todas partes y en la plenitud de su poder. Es correcto decir que Padre, Hijo y Espíritu Santo son hoy omnipresentes juntos, aunque la presencia personal del Hijo glorificado sea espiritual (por medio del Espíritu Santo) y no física (en el cuerpo).

49

"Yo conozco que todo lo puedes, y que no hay pensamiento que se esconda de ti" (Job 42:2). De esta forma, Job da testimonio de la omnipotencia de Dios. Omnipotencia significa en la práctica que tiene poder para hacer todo cuanto, en su perfección racional y moral (esto es, en su sabiduría y bondad), Él disponga hacer. No significa que Dios lo pueda hacer todo en un sentido literal; Él no puede pecar, mentir, cambiar su naturaleza, ni negar las exigencias de su personalidad santa (Nm. 23:19; 1 S. 15:29; 2 Ti. 2:13; He. 6:18; Stg. 1:13, 17); tampoco puede crear un círculo cuadrado, porque la noción de un círculo cuadrado es contradictoria en sí misma; tampoco puede dejar de ser Dios. No obstante, cuanto es su voluntad y promete hacer, Él lo puede hacer y lo hace.

¿Fue acaso una exageración que David dijera: "Te amo, oh Jehová, fortaleza mía. Jehová, roca mía y castillo mío, y mi libertador; Dios mío, fortaleza mía, en él confiaré; mi escudo y la fuerza de mi salvación, mi alto refugio" (Sal. 18:1-2)? ¿Fue exagerado que otro salmista declarara: "Dios es nuestro amparo y fortaleza, nuestro pronto auxilio en las tribulaciones" (Sal. 46:1)? No lo fue, puesto que sabían que Dios es omnipresente y todopoderoso; de otra forma, sí habría sido excesivo. Es natural que el conocimiento de la grandeza de Dios (su omnipresencia y omnipotencia son aspectos de esa grandeza) produzca gran fe y alabanza.

15

LA PREDESTINACIÓN

Dios tiene un propósito

Yo os he amado, dice Jehová; y dijisteis: ¿En qué nos amaste?
¿No era Esaú hermano de Jacob? dice Jehová. Y amé a Jacob,
y a Esaú aborrecí [...].

MALAQUÍAS 1:2-3

Los cuarenta y tantos escritores que produjeron los sesenta y seis libros de las Escrituras a lo largo de unos mil quinientos años consideraban que ellos mismos y sus lectores estaban dentro del cumplimiento del soberano propósito de Dios con respecto a este mundo: el propósito que lo llevó a crear, que el pecado interrumpió más tarde y que su obra redentora está restaurando en la actualidad. En esencia, este propósito era y es una interminable expresión y disfrute de amor entre Él y sus criaturas racionales: un amor manifestado en la adoración, alabanza, acción de gracias, honra, gloria y servicio que esas criaturas le dan a Él, así como en la comunión, los privilegios, las alegrías y los dones que Él les da a ellas.

Los escritores contemplan lo que ya ha sido hecho para hacer avanzar el plan redentor de Dios a favor del planeta Tierra, dañado por el pecado, y miran con esperanza al día en que ese plan quedará realizado por completo, cuando el planeta Tierra sea creado de nuevo en una gloria imposible de imaginar (Is. 65:17-25; 2 P. 3:10-13; Ap. 21:1–22:5). Estos proclaman que Dios es el omnipotente Creador Redentor y alaban constantemente las multifacéticas obras de gracia que Dios realiza en la historia a fin de asegurarse un pueblo para sí, una gran compañía de seres humanos reunidos, con los cuales se pueda cumplir su propósito original de dar y recibir amor. Los escritores insisten en que Dios ha demostrado tener un control absoluto al llevar su plan hasta el punto en que se encuentra en el momento de escribir ellos, por lo que seguirá manteniendo ese control absoluto, realizará todo según su propia voluntad y completará así su proyecto redentor. Las preguntas sobre la predestinación deben ser planteadas dentro de este marco de referencia (Ef. 1:9-14; 2:4-10; 3:8-11; 4:11-16).

Se utiliza la palabra "predestinación" para hablar de que Dios ha dispuesto de antemano todos los sucesos de la historia mundial pasada, presente y futura; este uso es muy adecuado. Con todo, en las Escrituras y en las corrientes principales de la teología, la palabra "predestinación" significa concretamente la decisión tomada por Dios en la eternidad, antes de que existieran el mundo y sus habitantes, con respecto al destino definitivo de cada pecador. De hecho, el Nuevo Testamento utiliza las palabras "predestinar" y "elegir" (las dos significan lo mismo) solo para referirse a la elección de Dios de pecadores específicos para salvación y vida eterna (Ro. 8:29; Ef. 1:4-5, 11). No obstante, muchos han señalado que las Escrituras también adjudican a Dios una decisión por adelantado con respecto a aquellos que al final no serán salvos (Ro. 9:6-29; 1 P. 2:8; Jud. 4). Es así como se ha convertido en algo usual dentro de la teología protestante el definir la predestinación como una decisión de Dios, que incluye tanto su decisión de salvar a algunos del pecado (elección), como su decisión de condenar al resto por su pecado (reprobación), ambas cosas juntas.

A la pregunta: "¿Sobre qué base escogió Dios a ciertos individuos para salvación?", una respuesta habitual es la siguiente: Sobre la base de su presciencia de que, al encontrarse con el evangelio, estos individuos escogerán a Cristo como Salvador. En esa respuesta, presciencia significa un conocimiento previo y pasivo por parte de Dios con respecto al futuro actuar de las personas, sin que sea Él quien determine de antemano su acción. Sin embargo,

1. *Conocer antes,* en Romanos 8:29; 11:2 (cp. 1 P. 1:2 y 1:20, donde algunas versiones traducen el texto griego como

"escoger") significa "amar antes" y "designar antes". No se expresa aquí la idea de que un espectador sepa de antemano lo que sucederá de manera espontánea.

2. Puesto que todos están muertos en pecado por naturaleza (es decir, cortados de la vida de Dios e incapaces de reaccionar ante Él), nadie que escuche el evangelio llegará jamás al arrepentimiento y a la fe sin un impulso interno que solo Dios puede impartir (Ef. 2:4-10). Jesús dijo: "Ninguno puede venir a mí, si no le fuere dado por el Padre" (Jn. 6:65; cp. 6:44; 10:25-28). Los pecadores eligen a Cristo solo porque Dios los escogió a ellos para esta decisión y los movió a ella al renovar su corazón.

Aunque todos los actos humanos son libres, en el sentido de que es el propio ser humano quien toma sus decisiones, ninguno de ellos se halla fuera del control de Dios, de acuerdo con sus propósitos eternos y lo dispuesto por Él de antemano.

Por consiguiente, los cristianos deben dar gracias a Dios por su conversión, pedirle que los mantenga en la gracia a la cual los ha traído y esperar seguros su triunfo final, de acuerdo con lo dispuesto en su plan.

LA TRINIDAD

Dios es uno y tres

> Así dice Jehová Rey de Israel, y su Redentor, Jehová de los ejércitos: Yo soy el primero, y yo soy el postrero, y fuera de mí no hay Dios.
>
> Isaías 44:6

El Antiguo Testamento insiste continuamente en que solo hay un Dios, el Creador que se ha revelado a sí mismo, a quien se debe adorar y amar de manera exclusiva (Dt. 6:4-5; Is. 44:6–45:25). El Nuevo Testamento concuerda (Mr. 12:29-30; 1 Co. 8:4; Ef. 4:6; 1 Ti. 2:5), pero habla de tres agentes personales —Padre, Hijo y Espíritu Santo—, que obran juntos como equipo para producir la salvación (Ro. 8; Ef. 1:13-14; 2 Ts. 2:13-14; 1 P. 1:2). La formulación histórica de la Trinidad (palabra derivada del latín *trinitas*, que significa "cualidad de ser tres") trata de circunscribir y salvaguardar este misterio (no de explicarlo; eso está fuera de nuestro alcance), y nos hace enfrentarnos con un pensamiento que tal vez sea el más difícil de cuantos se le ha pedido jamás a la mente humana que maneje. No es fácil, pero es cierto.

Esta doctrina surge de los hechos que presentan los historiadores del Nuevo Testamento y de la enseñanza de revelación que, hablando en términos humanos, se formó a partir de estos hechos. Jesús, quien oró a su Padre y les enseñó a los discípulos a hacer lo mismo, los convenció también de que Él mismo era divino. Esta creencia en su divinidad y en que es correcto ofrecerle nuestra adoración y nuestras oraciones es fundamental dentro de la fe del Nuevo Testamento (Jn. 20:28-31; cp. 1:18; Hch. 7:59; Ro. 9:5; 10:9-13; 2 Co. 12:7-9; Fil. 2:5-6; Col. 1:15-17;

2:9; He. 1:1-12; 1 P. 3:15). Él mismo prometió enviar otro Paracleto (Él había sido el primero). La palabra *paracleto* describe un ministerio personal con muchas facetas, como las de consejero, abogado, ayudador, consolador, aliado y apoyo (Jn. 14:16-17, 26; 15:26-27; 16:7-15). Este otro Paracleto, que vino el día de Pentecostés para cumplir con este ministerio prometido, era el Espíritu Santo, reconocido desde el principio como una tercera persona divina: mentirle a Él, dijo Pedro poco después de Pentecostés, es mentirle a Dios (Hch. 5:3-4).

Fue así como Cristo ordenó que se bautizara "en el nombre (singular: un Dios, un nombre) del Padre, y del Hijo, y del Espíritu Santo": las tres personas que son el Dios único al que se consagran los cristianos (Mt. 28:19). Es así como encontramos a las tres personas en el relato sobre el bautismo del propio Jesús: el Padre reconoce al Hijo y el Espíritu manifiesta su presencia en la vida y el ministerio del Hijo (Mr. 1:9-11). Es así como entendemos la bendición trinitaria de 2 Corintios 13:14 y la oración para pedir gracia y paz al Padre, al Espíritu y a Jesucristo en Apocalipsis 1:4-5 (¿habría puesto Juan al Espíritu entre el Padre y el Hijo si no lo hubiera considerado divino en el mismo sentido que ellos?). Estos son algunos de los ejemplos más destacados con respecto a la postura y el énfasis trinitario del Nuevo Testamento. Aunque no aparezca en su texto el lenguaje técnico del trinitarianismo histórico, la fe y el pensamiento trinitarios están presentes a lo largo de todas sus páginas y, en ese sentido, se debe reconocer la Trinidad como una doctrina bíblica: una verdad eterna respecto a Dios que, aunque nunca aparece de manera explícita en el Antiguo Testamento, es clara y manifiesta en el Nuevo.

La afirmación básica de esta doctrina es que la unidad del Dios único es compleja. Las tres "subsistencias" personales (como se les llama) son centros iguales y coeternos de conciencia propia; cada una de ellas es un "yo" en relación con dos que son "tú" y cada una de ellas participa de la plenitud de la esencia divina (la "sustancia" de la divinidad, si nos atrevemos a llamarla así), junto con las otras dos. No se trata de tres papeles representados por una sola persona (esto es, *modalismo*); tampoco se trata de tres dioses que forman un grupo (esto es, *triteísmo*);

el Dios único ("Él") es también e igualmente "ellos", y "ellos" están siempre juntos y siempre cooperan. El Padre toma la iniciativa, el Hijo se somete y el Espíritu ejecuta la voluntad de ambos, que es también la suya propia. Esta es la verdad sobre Dios que fue revelada en las palabras y las obras de Jesús, y que constituye el fundamento de la realidad de la salvación, tal como la presenta el Nuevo Testamento.

La importancia práctica de la doctrina de la Trinidad se encuentra en que nos exige prestar igual atención y dar igual honor a las tres personas en la unidad de su misericordioso ministerio con nosotros. Este ministerio es el tema que trata el evangelio, que no es posible plantear, tal como lo demuestra la conversación de Jesús con Nicodemo, sin traer a colación sus distintos papeles dentro del plan de gracia divino (Jn. 3:1-15; ver en especial los vv. 3, 5-8, 13-15 y los comentarios expositivos de Juan, que algunas versiones presentan como parte de la propia conversación, vv. 16-21). Según la norma bíblica, todas las formulaciones no trinitarias del mensaje cristiano son inadecuadas y, en realidad, fundamentalmente falsas, por lo que, por naturaleza, tenderán a desfigurar la vida cristiana.

17

LA SANTIDAD DE DIOS

Dios es luz

Porque yo soy Jehová vuestro Dios; vosotros por tanto os santificaréis, y seréis santos, porque yo soy santo […].

Levítico 11:44

Cuando las Escrituras llaman "santo" a Dios o a una de las personas de la Trinidad (como hace con frecuencia: Lv. 11:44-45; Jos. 24:19; 1 S. 2:2; Sal. 99:9; Is. 1:4; 6:3; 41:14, 16, 20; 57:15; Ez. 39:7; Am. 4:2; Jn. 17:11; Hch. 5:3-4, 32; Ap. 15:4), esta palabra comprende todo aquello en Dios que lo distingue de nosotros y lo hace objeto de reverencia, adoración y temor para nosotros. Abarca todos los aspectos de su grandeza trascendente y de su perfección moral, y constituye así un atributo de todos sus atributos que señala la deidad de Dios en todos sus puntos. Podemos hablar con toda corrección de cada una de las facetas de la naturaleza de Dios y cada uno de los aspectos de su personalidad como atributos santos, porque lo son. No obstante, el núcleo del concepto se halla en la pureza de Dios, que no puede tolerar ninguna forma de pecado (Hab. 1:13) y que llama, por tanto, a los pecadores a humillarse continuamente ante su presencia (Is. 6:5).

La justicia, que significa que hace en todas las circunstancias lo que es correcto, es una de las expresiones de la santidad de Dios. Él manifiesta su justicia como legislador y juez, y también al cumplir sus promesas y perdonar el pecado. Su ley moral, que exige una conducta conforme a la suya propia, es "santa, justa y buena" (Ro. 7:12). Él juzga con justicia, teniendo en cuenta las violaciones reales (Gn. 18:25; Sal. 7:11; 96:13; Hch. 17:31). Su "ira"; esto es, su hostilidad judicial activa contra el pecado, es totalmente justa en sus manifestaciones (Ro. 2:5-16), y sus "juicios" específicos (castigos retributivos) son gloriosos y dignos de alabanza (Ap. 16:5, 7; 19:1-4). Cada vez que Dios cumple con su pacto en actos para salvar a los suyos, se trata de un gesto de rectitud, o sea, de justicia (Is. 51:5-6; 56:1; 63:1; 1 Jn. 1:9). Cuando Dios justifica a los pecadores por medio de la fe en Cristo, lo hace sobre la base de la justicia que ha sido hecha; esto es, en el castigo que Cristo, nuestro sustituto, ha sufrido en su persona por nuestros pecados; así, la forma que toma esta misericordia justificante lo presenta a Él como total y absolutamente justo (Ro. 3:25-26), y se presenta nuestra propia justificación como justificada en el sentido judicial.

Cuando Juan dice que Dios es "luz", sin que haya tiniebla alguna en Él, esta imagen reafirma su santa pureza, que hace imposible la intimidad entre Él y los que son voluntariamente impíos y que exige que la búsqueda de la santidad y de la justicia en la vida sea una preocupación central para el pueblo cristiano (2 Co. 6:14–7:1; He. 12:10-17; 1 Jn. 1:5–2:1). El llamado hecho a los creyentes, regenerados y perdonados como son, a practicar una santidad que corresponda con la del propio Dios y a agradarle de esta forma es constante en el Nuevo Testamento, como de hecho lo fue también en el Antiguo (Dt. 30:1-10; Ef. 4:17–5:14; 1 P. 1:13-22). Porque Dios es santo, el pueblo de Dios también debe ser santo.

18
LA BONDAD DE DIOS

Dios es amor

> Alabad a Jehová, porque él es bueno, porque para siempre es
> su misericordia.
>
> Salmos 136:1

Se suele explicar la afirmación de que "Dios es amor" en función de (1) la revelación, presentada por medio de la vida y las enseñanzas de Cristo, de que la inagotable vida del Dios trino es una vida de afecto y de honra mutuas (Mt. 3:17; 17:5; Jn. 3:35; 14:31; 16:13-14; 17:1-5, 22-26), unida a (2) el reconocimiento de que Dios hizo a los ángeles y a los seres humanos para que glorificaran a su Hacedor, compartiendo el gozoso intercambio de esta vida divina a su propio modo, en su condición de criaturas. Sin embargo, por verdadero que esto parezca ser, cuando Juan dice que "Dios es amor" (1 Jn. 4:8), lo que quiere decir (tal como lo explica más adelante) es que el Padre, por medio de Cristo, nos ha salvado realmente a nosotros, que éramos pecadores perdidos, y ahora creemos. "En esto se mostró el amor de Dios para con nosotros, en que Dios envió a su Hijo unigénito al mundo, para que vivamos por él. En esto consiste el amor: no en que nosotros hayamos amado a Dios [es cierto, no lo hemos hecho], sino en que él nos amó a nosotros, y envió a su Hijo en propiciación por nuestros pecados" (vv. 9-10).

Al igual que sucede siempre en el Nuevo Testamento, "nosotros" como objeto y beneficiarios del amor redentor significa "nosotros los que hemos creído". Ni en este lugar ni en ningún otro, "nosotros" se refiere a todos y cada uno de los integrantes de la raza humana. Las enseñanzas del Nuevo Testamento con respecto a la redención son particularistas por completo y, cuando se dice que Dios amó y redimió al "mundo" (Jn. 3:16-17; 2 Co. 5:19; 1 Jn. 2:2), se está haciendo referencia al gran número de elegidos por Dios que se hallan esparcidos por el mundo entero, en medio de la comunidad humana impía (cp. Jn. 10:16; 11:52-53), no a todas las personas que hayan existido, existan o existirán. Si no fuera así, Juan y Pablo estarían contradiciendo otros textos suyos.

Este amor redentor soberano es una de las facetas de la cualidad que las Escrituras llaman la bondad de Dios (Sal. 100:5; Mr. 10:18); esto es, la gloriosa gentileza y generosidad que alcanza a todas sus criaturas (Sal. 145:9, 15-16) y que debe conducir a todos los pecadores al arrepentimiento (Ro. 2:4). Los otros aspectos de esta bondad son la misericordia, compasión o lástima que manifiesta bondad hacia las personas angustiadas y las rescata de sus dificultades (Sal. 107, 136), y la paciencia, indulgencia y lentitud para la ira que siguen manifestando bondad hacia la persona, aunque esta persista en su pecado (Éx. 34:6; Sal. 78:38; Jn. 3:10–4:11; Ro. 9:22; 2 P. 3:9). No obstante, la expresión suprema de la bondad de Dios sigue siendo la sublime gracia y el amor inefable que manifiesta bondad al salvar a unos pecadores que solo merecen la condenación; más aún, al salvarlos al enorme precio de la muerte de Cristo en el Calvario (Ro. 3:22-24; 5:5-8; 8:32-39; Ef. 2:1-10; 3:14-18; 5:25-27).

La fidelidad de Dios a sus propósitos, promesas y pueblo es otro aspecto más de su bondad, que lo hace digno de toda alabanza. Los humanos mentimos y quebrantamos nuestra palabra; Dios no hace ninguna de estas dos cosas. En los tiempos más difíciles, podemos aún decir: "Nunca decayeron sus misericordias [...]; grande es tu fidelidad" (Lm. 3:22-23; Sal. 36:5; cp. Sal. 89, esp. los vv. 1-2, 14, 24, 33, 37, 49). Aunque las formas en que Dios expresa su fidelidad sean a veces inesperadas y desconcertantes, y aunque ciertamente parezcan al observador superficial, a corto plazo, más infidelidad que otra cosa, el testimonio final de aquellos que caminan con Dios en medio de los altibajos de la vida es que "no ha faltado una palabra de todas las buenas palabras que Jehová nuestro Dios había dicho de ellos; todas les han acontecido, no ha faltado ninguna de ellas" (Jos. 23:14-15). La fidelidad de Dios, junto con los demás aspectos de su misericordiosa bondad, tal como los presenta su Palabra, constituye siempre un sólido fundamento sobre el cual pueden descansar nuestra fe y nuestra esperanza.

LA SABIDURÍA DE DIOS

La voluntad doble de Dios es una sola

> Sea bendito el nombre de Dios de siglos en siglos, porque suyos son el poder y la sabiduría.
>
> DANIEL 2:20

En las Escrituras, la palabra "sabiduría" se refiere a escoger como meta los fines mejores y más nobles, junto con los medios más adecuados y eficaces para llegar a ellos. La sabiduría humana aparece en los libros sapienciales del Antiguo Testamento (Job, Salmos, Proverbios, Eclesiastés y Cantar de los Cantares, donde se nos indica cómo sufrir, orar, vivir, disfrutar y amar respectivamente) y en la Epístola de Santiago (que exige una conducta cristiana constante). Sabiduría significa hacer del "temor" de Dios; esto es, de la adoración reverente y el servicio dirigido a Él, nuestra meta (Pr. 1:7; 9:10; Ec. 12:13) y cultivar la prudencia, la fortaleza, la paciencia y el celo como medios para lograrla. Vemos la sabiduría de Dios en sus obras de creación, conservación y redención: es su decisión tomar su propia gloria como meta (Sal. 46:10; Is. 42:8; 48:11) y alcanzarla, en primer lugar, creando una maravillosa variedad de cosas y personas (Sal. 104:24; Pr. 3:19-20); en segundo lugar, por bondadosas manifestaciones providenciales de todo tipo (Sal. 145:13-16; Hch. 14:17); y, en tercer lugar, por la "sabiduría" redentora de "Cristo crucificado" (1 Co. 1:18–2:16) y de la iglesia mundial resultante (Ef. 3:10).

La manifestación de la sabiduría de Dios comprende la expresión de su voluntad en los dos sentidos que tiene esta frase. En el sentido primero y más fundamental, la voluntad de Dios es su decisión o decreto sobre lo que sucederá: "Los decretos de Dios son su propósito eterno, según el consejo de su propia voluntad, en virtud del cual ha preordenado, para su propia gloria, todo lo que sucede" (Catecismo Menor de Westminster, P. 7). Esta es la voluntad de Dios con respecto a los acontecimientos, de la que se habla en Efesios 1:11. En el segundo sentido, secundario, la voluntad de Dios es su mandato; esto es, su instrucción, dada en las Escrituras, con respecto a lo que deben hacer o evitar los seres humanos; en ocasiones se la llama voluntad preceptiva (ver Ro. 12:2; Ef. 5:17; Col. 1:9; 1 Ts. 4:3-6). Algunas de sus exigencias están enraizadas en su personalidad santa, que nosotros debemos imitar, tal como los principios del Decálogo y los dos grandes mandamientos (Éx. 20:1-17; Mt. 22:37-40; cp. Ef. 4:32–5:2). Otras exigencias dependen sencillamente del hecho de que son de institución divina, tal como la circuncisión y las leyes del Antiguo Testamento con respecto a los sacrificios y la pureza, así como el bautismo y la Santa Cena en la actualidad. No obstante, todos obligan por igual a la conciencia, y el plan de Dios sobre los acontecimientos incluye las "buenas obras" de obediencia que han de realizar aquellos que crean (Ef. 2:10).

Algunas veces, es difícil creer que una obediencia costosa que nos pone en desventaja con respecto al mundo (como suele suceder con la obediencia leal a Dios), forme parte de un plan predestinado para promover tanto la gloria de Dios como nuestro propio bien (Ro. 8:28). No obstante, debemos glorificar a Dios con nuestra fe en que así son las cosas y en que un día veremos que es cierto, porque su sabiduría es suprema y nunca falla. Dar a conocer su voluntad preceptiva y gobernar las respuestas del libre albedrío humano ante ella es uno de los medios por los cuales Dios cumple su voluntad en los sucesos, aun cuando la respuesta sea de incredulidad y desobediencia. Pablo ilustra esto cuando les dice a los romanos que la incredulidad de Israel tiene su lugar en el plan de Dios para la extensión del evangelio (Ro. 11:11-15, 25-32): esta realidad lo hace exclamar: "¡Oh profundidad de las riquezas de la sabiduría y de la ciencia de Dios! [...]. A él sea la gloria por los siglos. Amén" (vv. 33, 36). Que sea este también nuestro clamor.

EL MISTERIO DE DIOS

Dios es incomparablemente grande

Tuya es, oh Jehová, la magnificencia y el poder, la gloria, la victoria y el honor; porque todas las cosas que están en los cielos y en la tierra son tuyas. Tuyo, oh Jehová, es el reino, y tú eres excelso sobre todos.

1 Crónicas 29:11

Las Escrituras afirman que Dios es grande (Dt. 7:21; Neh. 4:14; Sal. 48:1; 86:10; 95:3; 145:3; Dn. 9:4): mayor de lo que nosotros podemos comprender. La teología lo declara al describirlo como incomprensible, no en el sentido de que la lógica sea para Él algo distinto de lo que es para nosotros, de manera que nos sea del todo imposible seguir el funcionamiento de su mente, sino en el sentido de que nunca lo podremos comprender por completo, sencillamente porque Él es infinito, mientras que nosotros somos finitos. Las Escrituras dicen de Dios que habita, no solo en una oscuridad espesa e impenetrable, sino también en una luz inaccesible (Sal. 97:2; 1 Ti. 6:16), y ambas imágenes expresan el mismo pensamiento: nuestro Creador está por encima de nosotros y medirlo de alguna manera se encuentra fuera de nuestras posibilidades.

Algunas veces, esto se expresa con referencia al misterio de Dios. En este caso, no se utiliza esta palabra en el sentido bíblico de un secreto que Dios ha revelado ahora (Dn. 2:29-30; Ef. 3:2-6), sino en el sentido, desarrollado más recientemente, de una realidad que no tenemos capacidad suficiente para entender de una manera adecuada, por mucho que se hable sobre ella. Dios nos dice en la Biblia que la creación, su gobierno providencial, la Trinidad, la encarnación, la obra regeneradora del Espíritu, la unión con Cristo en su muerte y resurrección y la inspiración de las Escrituras (por mencionar algunas) son realidades, y aceptamos su palabra de que lo son, aunque creemos que son sin saber cómo pueden ser. En nuestra condición de criaturas, somos incapaces de comprender completamente el ser y las acciones del Creador.

No obstante, así como sería erróneo suponer que lo sabemos todo con respecto a Dios (y, al hacerlo, en efecto encerrarlo en la caja de nuestra propia noción limitada sobre Él), también sería erróneo dudar de que nuestro concepto constituya un conocimiento verdadero de Él. Parte de lo que significa que hayamos sido creados a imagen de Dios es que somos capaces, tanto de saber cosas acerca de Él, como de conocerlo a Él de manera relacional en un sentido verdadero, aunque limitado, del conocimiento. Además, todo cuanto Dios nos dice en las Escrituras sobre sí mismo es cierto en toda su extensión. Calvino hablaba de que Dios había sido condescendiente con nuestra debilidad y se había acomodado a nuestras capacidades, tanto en la inspiración de las Escrituras, como en la encarnación de su Hijo, para poder darnos una comprensión genuina de sí mismo. La forma y la sustancia del lenguaje infantil con que un padre habla con su pequeño no tienen comparación alguna con todo lo que contiene la mente de ese padre y que él podría expresar plenamente si estuviera hablando con otro adulto; no obstante, el niño recibe en esta conversación sencilla datos informativos reales, aunque limitados, sobre su padre, y su respuesta de amor y confianza crece de acuerdo con ellos. Esa es la analogía en esta situación.

Ahora vemos por qué nuestro Creador se nos presenta de manera antropomórfica, como si tuviera un rostro (Éx. 33:11), una mano (1 S. 5:11), un brazo (Is. 53:1), oídos (Neh. 1:6), ojos (Job 28:10) y pies (Nah. 1:3) o como si estuviera sentado en un trono (1 R. 22:19), volando en el viento (Sal. 18:10) y combatiendo en una batalla (2 Cr. 32:8; Is. 63:1-6). No se trata de descripciones de lo que Dios es en sí mismo, sino de lo que Él es para nosotros; esto es, el Señor trascendente que se relaciona con su pueblo como Padre y amigo y que actúa como aliado suyo. Dios se nos presenta de esta manera para llevarnos a la adoración, al amor y a la confianza, aunque en cuanto a conceptos seamos siempre como esos niños pequeños que oyen hablar a su padre a su propio nivel y que solo conocen en parte al que les habla (1 Co. 13:12).

No debemos olvidar nunca que, en todos los casos, el objetivo de la teología es la doxología: la expresión más genuina de confianza en un Dios grande será siempre la adoración, y una adoración correcta siempre incluirá alabanza a Dios por ser mucho más grande de lo que podemos entender.

LA PROVIDENCIA DE DIOS

Dios gobierna este mundo

La suerte se echa en el regazo; mas de Jehová es la decisión de ella.

PROVERBIOS 16:33

Las obras de providencia de Dios son su muy santa, sabia y poderosa preservación y gobierno de todas sus criaturas y todas las acciones de estas (Catecismo Menor de Westminster, P. 11). Si la creación fue un ejercicio único de energía divina que hizo que el mundo llegara a ser, la providencia es un ejercicio continuo de esa misma energía, por medio de la cual el Creador, según su propia voluntad, (1) hace que sigan siendo todas sus criaturas, (2) se involucra en todo lo que sucede y (3) dirige todas las cosas hacia el fin que Él les ha señalado. Es un modelo de administración personal con propósitos definidos y control directo total: Dios tiene completo control sobre su mundo. Aunque su mano permanezca escondida, su dominio es absoluto.

Hay quienes han restringido la providencia de Dios a una presciencia sin control, a un sustento sin intervención o a una supervisión general sin preocupación por los detalles, pero los testimonios a favor de su providencia tal como ha sido formulada anteriormente son abrumadores.

La Biblia claramente enseña el control providencial de Dios.
a. Sobre todo el universo, Sal. 103:19; Dn. 4:35; Ef. 1:11;
b. Sobre el mundo físico, Job 37; Sal. 104:14; 135:6; Mt. 5:45;

c.   Sobre la creación inanimada, Sal. 104:21, 28; Mt. 6:26; 10:29;

d.   Sobre los negocios de las naciones, Job 12:23; Sal. 22:28; 66:7; Hch. 17:26;

e.   Sobre el nacimiento del hombre y su parte en la vida, 1 S. 16:1; Sal. 139:16; Is. 45:5; Gá. 1:15-16;

f.   Sobre los sucesos y fracasos externos en las vidas de los hombres, Sal. 75:6, 7; Lc. 1:52;

g.   Sobre las cosas que parecen accidentales o insignificantes, Pr. 16:33; Mt. 10:30;

h.   En la protección de los justos, Sal. 4:8; 5:12; 63:8; 121:3; Ro. 8:28;

i.   Satisface las necesidades del pueblo de Dios, Gn. 22:8, 14; Dt. 8:3; Fil. 4:19;

j.   Contesta la oración, 1 S. 1:19; Is. 20:5, 6; 2 Cr. 33:13; Sal. 65:2; Mt. 7:7; Lc. 18:7, 8; y

k.   Denuncia y castiga a los malvados, Sal. 7:12-13; 11:6.

(L. Berkhof, *Teología sistemática*, s.p.).

Para poder pensar con claridad en la forma en que Dios participa en el proceso del mundo y en los actos de las criaturas racionales, hacen falta conjuntos adicionales de afirmaciones, como estas: no importa si una persona entra en acción, se origina un suceso debido a causas naturales o Satanás revela sus intenciones, Dios está por encima de todo esto. Este es el mensaje del libro de Ester, donde no aparece el nombre de Dios por ninguna parte. Otra vez: hay actos que van en contra de lo que ordena la voluntad de Dios y, sin embargo, cumplen su voluntad con respecto a los sucesos (Ef. 1:11). De nuevo: los humanos buscan la maldad en lo que hacen, pero Dios, que gobierna por sobre todo esto, usa sus acciones para bien (Gn. 50:20; Hch. 2:23). Una vez más: los humanos pecan bajo el dominio total de Dios; no obstante, Él no es el autor del pecado (Stg. 1:13-17), sino su Juez.

La naturaleza de la participación "concurrente" o "confluente" de Dios en todo lo que sucede en su mundo, para hacer que se cumpla su voluntad con respecto a los acontecimientos, sin violar la naturaleza de las cosas, los procesos informales que están en marcha ni el libre albedrío del ser humano es un misterio para nosotros, pero lo que enseña continuamente la Biblia con respecto a su influencia sobre el mundo es lo que ya hemos presentado.

Con respecto a los males que infectan el mundo de Dios (la perversidad moral y espiritual, el desperdicio de bienes y los desórdenes y trastornos físicos de un cosmos echado a perder), se puede decir en resumen: Dios permite el mal (Hch. 14:16); castiga el mal con mal (Sal. 81:11-12; Ro. 1:26-32); produce bien del mal (Gn. 50:20; Hch. 2:23; 4:27-28; 13:27; 1 Co. 2:7-8); usa el mal para probar y disciplinar a quienes ama (Mt. 4:1-11; He. 12:4-14) y un día redimirá a su pueblo por completo del poder y la presencia del mal (Ap. 21:27; 22:14-15).

La doctrina de la providencia enseña al creyente que este nunca se encuentra a merced de fuerzas ciegas (la fortuna, el azar, la suerte, el destino), sino que todo cuanto le sucede se halla en los planes de Dios y que cada suceso llega como una nueva convocación a confiar, obedecer y regocijarse, sabiendo que todo es para su bien espiritual y eterno (Ro. 8:28).

22

LOS MILAGROS

Dios manifiesta su presencia y su poder

Y Jehová oyó la voz de Elías, y el alma del niño volvió a él, y revivió.

1 Reyes 17:22

Las Escrituras no tienen una sola palabra que corresponda a nuestro vocablo "milagro". Este concepto es una mezcla de los pensamientos expresados por tres términos: *prodigio, obra y señal.*

La noción primaria es la de *prodigio.* (La palabra *milagro*, del latín *miraculum*, denota algo prodigioso que produce admiración). Un milagro es un suceso que, al observarlo, provoca consciencia de la presencia y el poder de Dios. De forma apropiada, se califica de milagros a las manifestaciones de la providencia, a las coincidencias asombrosas y a sucesos prodigiosos como el nacimiento de un niño, de igual manera que a las obras de nuevo poder creador, puesto que también despiertan esa consciencia. Al menos en este sentido, hoy existen los milagros.

La idea de la *obra* (poderosa) se centra en la impresión que causan los milagros y señala la presencia de actos sobrenaturales de Dios en la historia bíblica, en los que participa el mismo poder que creó al mundo a partir de la nada. Así tenemos la resurrección de personas muertas, que Jesús realizó en tres ocasiones, sin contar la suya propia (Lc. 7:11-17; 8:49-56; Jn. 11:38-44), y también Elías, Eliseo, Pedro y Pablo, una vez cada uno de ellos (1 R. 17:17-24; 2 R. 4:18-37; Hch. 9:36-41; 20:9-12). Esta es una obra de poder creador; no es posible explicarla en función de coincidencias ni del curso normal de la naturaleza. Lo mismo es cierto cuando se habla de sanidades orgánicas reales, de las

70

cuales los Evangelios relatan muchas; en ellas también se exhibe una nueva creación y restauración sobrenatural.

La palabra *señal* como nombre para un milagro (usada continuamente en el Evangelio de Juan, donde se relatan siete milagros clave) significa que señala algo; en otras palabras, que lleva en sí un mensaje. Los milagros de las Escrituras se hallan agrupados casi todos en los tiempos del Éxodo, de Elías y Eliseo y de Cristo y sus apóstoles. En primer lugar, autentican a los propios obradores de milagros como representantes y mensajeros de Dios (cp. Éx. 4:1-9; 1 R. 17:24; Jn. 10:38; 14:11; 2 Co. 12:12; He. 2:3-4) y también manifiestan algo del poder de Dios para salvar y juzgar. Esta es su importancia.

La fe en lo milagroso es esencial en el cristianismo. Los teólogos que descartan todos los milagros, con lo que se obligan a sí mismos a negar la encarnación y la resurrección de Jesús, los dos milagros supremos de las Escrituras, no se deberían proclamar cristianos: su proclamación no sería válida. El rechazo de los milagros por los científicos del pasado no se derivaba de la ciencia, sino del dogma de un universo con una uniformidad absoluta, que los científicos introdujeron a su obra científica. Creer que el Dios que hizo el mundo puede aún intervenir en él con su poder creador no tiene nada de irracional. Los cristianos deben reconocer que creer en los milagros de la Biblia o en la capacidad de Dios para obrar milagros hoy, si así Él lo desea, no es irracional, sino más bien es irracional dudar de estas cosas.

LA GLORIA DE DIOS

La manifestación de la gloria de Dios exige que nosotros le demos gloria

Como parece el arco iris que está en las nubes el día que llueve,
así era el parecer del resplandor alrededor.

Ezequiel 1:28

La meta de Dios es su gloria, pero es necesario que expliquemos esto con detenimiento, porque es fácil malentenderlo. No indica propósitos movidos por un egoísmo divino, como algunos lo imaginan, sino por el amor divino. Es cierto que Dios quiere que lo alabemos porque Él es digno de alabanza y que lo exaltemos por su grandeza y su bondad; quiere que lo apreciemos por lo que Él es. No obstante, la gloria que constituye su meta es, en realidad, una relación con dos aspectos y dos etapas: es precisamente una conjunción de (1) un acto de revelación por parte suya, por medio del cual manifiesta su gloria a los hombres y a los ángeles con liberal generosidad; y de (2) una respuesta de adoración por parte de ellos, por la cual le dan gloria movidos por la gratitud ante lo que han visto y recibido. En esta conjunción se cumple la intimidad de amor para la cual fueron y son hechas las criaturas racionales de Dios y para la cual son redimidos ahora los seres humanos caídos. La reciprocidad que implica ver la gloria de Dios y darle gloria es el verdadero cumplimiento del corazón mismo de la naturaleza humana y le produce al ser humano un gozo supremo, tal como se lo produce a Dios (cp. Sof. 3:14-17).

En el Antiguo Testamento, la palabra "gloria" va asociada a las ideas de peso, riqueza, esplendor y dignidad, presentes todas cuando se dice que Dios ha revelado su gloria. La respuesta de Dios a la súplica de Moisés para que le mostrara su gloria fue proclamar ante él su nombre (es decir, su naturaleza, personalidad y poder, Éx. 33:18–34:7). Esta proclamación fue acompañada de una manifestación física sobrecogedora, la *shejiná*, una nube resplandeciente que es posible que tuviera el aspecto del fuego blanco (Éx. 24:17). La *shejiná* misma fue llamada "la gloria de Dios" y aparecía en momentos significativos de la historia bíblica, como señal de la presencia activa de Dios (Éx. 33:22; 34:5; cp. 16:7, 10; 24:15-17; 40:34-35; Lv. 9:23-24; 1 R. 8:10-11; Ez. 1:28; 8:4; 9:3; 10:4; 11:22-23; Mt. 17:5; Lc. 2:9; cp. Hch. 1:9; 1 Ts. 4:17; Ap. 1:7). Los escritores del Nuevo Testamento proclaman que la gloria de la naturaleza, la personalidad, el poder y el propósito de Dios está abierta ahora ante nuestra vista en la persona y función de Jesucristo, el Hijo encarnado de Dios (Jn. 1:14-18; 2 Co. 4:3-6; He. 1:1-3).

La gloria de Dios, manifestada en el plan y la obra de gracia por medio de los cuales salva a los pecadores, debe producir alabanza (Ef. 1:6, 12, 14); esto es, el acto de darle gloria a Dios con la palabra hablada (cp. Ap. 4:9; 19:7). Además, debemos realizar todas las actividades de la vida con la meta de darle a Dios el homenaje, la honra y el placer que constituyen el darle gloria a un nivel práctico (1 Co. 10:31).

Dios no estaba dispuesto a compartir con los ídolos la alabanza por la restauración de su pueblo, porque los ídolos, al no ser reales, no contribuyeron en manera alguna a esta obra de la gracia (Is. 42:8; 48:11); de igual forma, no está dispuesto a compartir hoy la alabanza por la salvación con los seres humanos, porque nosotros tampoco contribuimos a esta más que con la necesidad que tenemos de recibirla. Desde el principio hasta el final y en todas las etapas del proceso, la salvación viene del Señor y nuestra alabanza debe demostrar que somos conscientes de ello. Esta es la razón por la que la teología de la Reforma insistió tanto en el principio de "Gloria *solo* a Dios" (*soli Deo gloria*) y por la que necesitamos mantener en alto ese principio con igual celo en la actualidad.

LA IDOLATRÍA

Dios exige una fidelidad total

Y la castigaré por los días en que incensaba a los baales, y se
adornaba de sus zarcillos y de sus joyeles, y se iba tras sus amantes y se olvidaba de mí, dice Jehová.

Oseas 2:13

Aunque solo hay un Dios y solo una fe verdadera, la que se enseña en la Biblia, nuestro mundo apóstata (Ro. 1:18-25) siempre ha estado repleto de religiones, y sigue estando en medio de nosotros el impulso secular hacia el sincretismo, en el que aspectos de una religión son asimilados por otra hasta que ambas son alteradas. Ciertamente, ha sido revivido de manera sorprendente en nuestros tiempos, por medio de la renovación de la búsqueda académica de una unidad trascendente de las religiones y por el florecimiento de la popular amalgama de ideas orientales y occidentales, que se da a sí misma el nombre de la "Nueva Era".

La presión en este punto no es nueva. Después de haber ocupado Canaán, Israel tuvo constantemente ante sí la tentación de absorber el culto cananeo a los dioses y diosas de la fertilidad e incorporarlo al culto de Jehová, así como a hacer imágenes del propio Jehová. Ambas conductas eran prohibidas por la ley (Éx. 20:3-6). El principio espiritual en cuestión era que los israelitas recordaran que Jehová, el Dios que había hecho un pacto con ellos, era totalmente suficiente para ellos y exigía, además, su fidelidad exclusiva, de tal forma que la adoración a otros dioses constituía un adulterio espiritual (Jer. 3; Ez. 16; Os. 2). Fue una prueba en la que fracasó notablemente la nación entera.

El sincretismo también era algo extendido y aceptado en el Imperio romano del siglo I, en el que abundaba el politeísmo y florecían todo tipo de cultos. Los maestros cristianos lucharon a brazo partido para impedir que la fe fuera asimilada por el gnosticismo (un tipo de teosofía que no encontraba sentido a la encarnación y la expiación, puesto que veía el problema del ser humano como un problema de ignorancia, no de pecado) y más tarde por el neoplatonismo y el maniqueísmo, que consideraban la salvación, al igual que el gnosticismo, sobre todo como cuestión de desprenderse del mundo físico. Estos enfrentamientos fueron relativamente exitosos, y las formulaciones clásicas de los credos sobre la Trinidad y la encarnación forman parte de su legado permanente.

Las Escrituras son severas con respecto a la maldad de las prácticas idolátricas y hacen burla de los ídolos como entidades falsas y engañosas (Sal. 115:4-7; Is. 44:9-20) que, sin embargo, esclavizan a sus adoradores a una superstición ciega (Is. 44:20), la cual constituye una infidelidad hacia Dios (Jer. 2). Pablo añade que los demonios obran por medio de los ídolos y que los convierten en una verdadera amenaza espiritual, cuyo contacto solo puede corromper (1 Co. 8:4-6; 10:19-21). En nuestra cultura occidental poscristiana, que está dispuesta a llenar el vacío espiritual que siente la gente a base de mirar con indulgencia al sincretismo, la brujería y los experimentos con el ocultismo, es necesario tomarnos muy en serio las advertencias bíblicas contra la idolatría (cp. 1 Co. 10:14; 1 Jn. 5:19-21).

25

LOS ÁNGELES

Dios utiliza agentes sobrenaturales

> Entonces dije: ¿Qué son estos, señor mío? Y me dijo el ángel
> que hablaba conmigo: Yo te enseñaré lo que son estos. Y aquel
> varón que estaba entre los mirtos respondió y dijo: Estos son
> los que Jehová ha enviado a recorrer la tierra.
>
> ZACARÍAS 1:9-10

Los ángeles (su nombre significa "mensajeros") son una de las dos clases de seres personales creadas por Dios (la otra es la humanidad). Son numerosos (Mt. 26:53; Ap. 5:11). Son agentes morales inteligentes, sin cuerpo y normalmente invisibles, aunque se pueden mostrar a los humanos en la apariencia de una forma física (Gn. 18:2–19:22; Jn. 20:10-14; Hch. 12:7-10). No se casan ni están sometidos a la muerte (Mt. 22:30; Lc. 20:35-36). Se pueden mover de un punto del espacio a otro, y muchos de ellos pueden reunirse en un lugar pequeño (Lc. 8:30, donde se habla de ángeles caídos).

Al igual que los seres humanos, los ángeles fueron puestos a prueba originalmente y algunos de ellos cayeron en pecado. Es evidente que el gran número de los que pasaron airosos la prueba se hallan en estos momentos confirmados en un estado de santidad y de gloria inmortal. El cielo constituye su sede (Mt. 18:10; 22:30; Ap. 5:11); allí adoran a Dios constantemente (Sal. 103:20-21; 148:2) y desde allí salen para servir a los cristianos a voluntad de Dios (He. 1:14). Estos son los ángeles "santos" y "elegidos" (Mt. 25:31; Mr. 8:38; Lc. 9:26; Hch. 10:22; 1 Ti. 5:21; Ap. 14:10), ante los cuales la obra de gracia de Dios por medio de Cristo está manifestando en la actualidad más de la divina sabiduría y gloria, de lo que conocían anteriormente (Ef. 3:10; 1 P. 1:12).

Los santos ángeles guardan a los creyentes (Sal. 34:7; 91:11), en especial a los más pequeños (Mt. 18:10), y observan constantemente lo que está sucediendo en la iglesia (1 Co. 11:10). Se da por supuesto que tienen más conocimiento de las cosas divinas que los humanos (Mr. 13:32) y que tienen un ministerio especial dirigido a los creyentes en el momento de su muerte (Lc. 16:22), pero no conocemos los detalles con respecto a nada de esto. Para hacer notar la relevancia de los ángeles, es suficiente decir que, si en algún momento nos hallamos necesitados de su ministerio, lo recibiremos, y que, mientras el mundo observa a los cristianos con la esperanza de verlos tropezar, también los observan los ángeles santos con la esperanza de ver que la gracia triunfa en su vida.

El misterioso "ángel de Jehová" o "ángel de Dios", que aparece con frecuencia al principio de la historia del Antiguo Testamento y que es identificado en algunas ocasiones con Dios y otras veces distinguido de Él (Gn. 16:7-13; 18:1-33; 22:11-18; 24:7, 40; 31:11-13; 32:24-30; 48:15-16; Éx. 3:2-6; 14:19; 23:20-23; 32:34–33:5; Nm. 22:22-35; Jos. 5:13-15; Jue. 2:1-5; 6:11-23; 9:13-23), es en cierto sentido Dios mismo, que actúa como su propio mensajero, y se suele considerar como una aparición preencarnada de Dios Hijo.

La actividad angélica fue prominente en los grandes puntos clave del plan divino de salvación (los días de los patriarcas, la época del éxodo y de la promulgación de la ley, el período del exilio y la restauración y el nacimiento, resurrección y ascensión de Jesucristo) y será prominente de nuevo cuando vuelva Cristo (Mt. 25:31; Mr. 8:38).

26

LOS DEMONIOS

Dios tiene enemigos sobrenaturales

Sacrificaron a los demonios, y no a Dios; a dioses que no habían
conocido, a nuevos dioses venidos de cerca, que no habían temido
vuestros padres.

DEUTERONOMIO 32:17

"Demonio" o "diablo", como dicen algunas versiones antiguas,
traduce las palabras griegas *daímon* y *daimónion*, usadas normalmente en los Evangelios para referirse a los seres espirituales,
corruptos y hostiles a Dios y al hombre, a quienes Jesús exorcizó
numerosas veces para hacer que abandonaran a sus víctimas al principio de su ministerio. Los demonios eran ángeles caídos, criaturas
incapaces de morir que servían a Satanás (Jesús identifica a Beelzebú,
su supuesto príncipe, con Satanás: Mt. 12:24-29). Puesto que se
habían unido a la rebelión de Satanás, fueron arrojados del cielo para
esperar su juicio definitivo (2 P. 2:4; Jud. 6). Su mente está permanentemente fija en el propósito de oponerse a Dios, a la bondad, a la
verdad, al reino de Cristo y al bienestar de los seres humanos, y tienen
un poder y una libertad de movimientos reales, pero limitados, aunque siguiendo la pintoresca frase de Calvino, diríamos que arrastran
sus cadenas dondequiera que van y nunca podrán tener la esperanza
de vencer a Dios.

El nivel y la intensidad de las manifestaciones demoníacas en la
gente durante el ministerio de Cristo fueron únicos, sin que hayan
tenido paralelo en los tiempos del Antiguo Testamento ni después;
no hay duda de que esto formaba parte de la desesperada batalla de

Satanás por mantener su reino contra el ataque lanzado por Cristo en su contra (Mt. 12:29). Los demonios se revelaban como poseedores de conocimiento y fortaleza (Mr. 1:24; 9:17-27). Causaban enfermedades físicas y mentales o, al menos, tomaban ventaja de ellas (Mr. 5:1-15; 9:17-18; Lc. 11:14). Reconocían y temían a Cristo, a cuya autoridad estaban sujetos (Mr. 1:25; 3:11-12; 9:25), aunque Él mismo confesó que solo los podía expulsar por medio de su esfuerzo en la oración (Mr. 9:29).

Cristo autorizó y preparó a los doce y a los setenta para que hicieran exorcismos en su nombre (esto es, por su poder: Lc. 9:1; 10:1, 17), y el ministerio del exorcismo sigue siendo aún una necesidad pastoral de vez en cuando. La Iglesia luterana del siglo XVI abolió los exorcismos, pues consideraba que la victoria de Cristo sobre Satanás había suprimido la invasión demoníaca para siempre, pero este gesto fue prematuro.

El ejército demoníaco de Satanás hace uso también de estrategias más sutiles, como el engaño y el desaliento, de muchas formas distintas. La batalla contra estas constituye la esencia de la guerra espiritual (Ef. 6:10-18). Aunque los demonios pueden causar problemas de muchas clases a las personas regeneradas en las que mora el Espíritu Santo, no pueden frustrar de manera definitiva el propósito de Dios de salvar a sus elegidos, como tampoco podrán evitar al final su propio tormento eterno. Así como el diablo es el diablo de Dios (frase de Lutero), también los demonios son demonios de Dios, enemigos derrotados (Col. 2:15) cuyo limitado poder solo es prolongado para el avance de la gloria de Dios, a medida que los suyos contienden con ellos.

27

SATANÁS

Los ángeles caídos tienen un líder

Un día vinieron a presentarse delante de Jehová los hijos de
Dios, entre los cuales vino también Satanás.

JOB 1:6

Satanás, el líder de los ángeles caídos, aparece con toda claridad, al
igual que ellos, solo en el Nuevo Testamento. Su nombre significa
"adversario" (enemigo de Dios y de su pueblo) y el Antiguo Testamento lo presenta como tal (1 Cr. 21:1; Job 1–2; Zac. 3:1-2). El Nuevo
Testamento le adjudica títulos reveladores: "diablo" (*diábolos*) significa
acusador (esto es, del pueblo de Dios: Ap. 12:9-10); Apolión (Ap. 9:11)
significa destructor; "el tentador" (Mt. 4:3; 1 Ts. 3:5) y "el maligno"
(1 Jn. 5:18-19) significan respectivamente estas cosas; "príncipe" y "dios
de este mundo" indican que Satanás preside los estilos de vida de la
humanidad contrarios a Dios (Jn. 12:31; 14:30; 16:11; 2 Co. 4:4; cp.
Ef. 2:2; 1 Jn. 5:19; Ap. 12:9). Jesús dijo que Satanás siempre fue un
asesino y que es el padre de mentira; esto es, que es tanto el primero de
los mentirosos, como el patrocinador de todas las falsedades y engaños
posteriores (Jn. 8:44). Por último, se lo identifica como la serpiente que
engañó a Eva en el Edén (Ap. 12:9; 20:2). El cuadro general representa
una maldad, malicia, furia y crueldad inimaginables, dirigidas contra
Dios, contra su verdad y contra aquellos a quienes Él ha extendido su
amor salvador.

Pablo hace resaltar la engañosa astucia de Satanás al afirmar que
este se convierte en ángel de luz y que disfraza la maldad como bien
(2 Co. 11:14). Su ferocidad destructora se manifiesta en su descripción

como león rugiente, que busca devorar (1 P. 5:8), y como dragón (Ap. 12:9). Así como era el enemigo declarado de Cristo (Mt. 4:1-11; 16:23; Lc. 4:13; Jn. 14:30; cp. Lc. 22:3, 53), ahora es el enemigo del cristiano, siempre tratando de hallar sus puntos débiles, desviando sus puntos fuertes y socavando su fe, esperanza e integridad (Lc. 22:32; 2 Co. 2:11; 11:3-15; Ef. 6:16). Es necesario tomarlo en serio, porque su maldad y su astucia lo hacen temible, aunque no tanto como para tenerle un abyecto terror, porque se trata de un enemigo vencido. Satanás es más fuerte que nosotros, pero Cristo lo ha vencido (Mt. 12:29) y los cristianos también lo vencerán si lo resisten con los recursos que les proporciona Cristo (Ef. 6:10-13; Stg. 4:7; 1 P. 5:9-10). "Mayor es el que está en vosotros, que el que está en el mundo" (1 Jn. 4:4).

Reconocer que Satanás es real, tomarse en serio su hostilidad, observar su estrategia (cualquier cosa que no sea el cristianismo bíblico) y darse cuenta de que siempre estamos en guerra con él no equivale a caer en un concepto dualista de dos dioses, uno bueno y otro malo que combate con él. Satanás es una criatura sobrehumana, pero no divina; tiene gran conocimiento y poder, pero no es omnisciente ni omnipotente; se puede trasladar de maneras que no pueden los humanos, pero no es omnipresente; además, es un rebelde ya derrotado, que no tiene más poder que aquel que Dios le permite tener, y está destinado al lago de fuego (Ap. 20:10).

LA HUMANIDAD

Dios hizo a los seres humanos a su imagen

Y creó Dios al hombre a su imagen, a imagen de Dios lo creó;
varón y hembra los creó.

GÉNESIS 1:27

La afirmación que aparece al principio de la Biblia (Gn. 1:26-27, reflejada en 5:1; 9:6; 1 Co. 11:7; Stg. 3:9) de que Dios hizo al hombre a su propia imagen, de manera que los seres humanos son semejantes a Dios de una forma en que no lo es ninguna otra criatura terrenal, nos dice que la dignidad especial que implica ser humanos es que, como tales, podemos reflejar y reproducir a nuestro propio nivel de criaturas los santos caminos de Dios y, de esta forma, actuar como representantes directos suyos en la tierra. Para esto fueron creados los humanos y, en cierto sentido, solo somos humanos hasta el punto en que lo estemos haciendo.

En Génesis 1:26-27 no se define la extensión de la imagen de Dios en el hombre, pero el contexto la presenta con claridad. Génesis 1:1-25 presenta a Dios como un ser personal, racional (con inteligencia y voluntad, capaz de trazar planes y ejecutarlos), creativo, competente para controlar el mundo que Él hizo y moralmente admirable, porque todo cuanto crea es bueno. Es evidente que una imagen de Dios deberá incluir todas estas cualidades. Génesis 1:28-30 presenta a Dios bendiciendo a los seres humanos que acaba de crear (esto debe significar que les dijo cuáles eran sus privilegios y su destino) y poniéndolos a gobernar la creación como representantes y ayudantes suyos. Así aparecen la capacidad del ser humano para comunicarse y relacionarse tanto con Dios como con los demás humanos y el dominio que Dios le ha dado sobre la creación inferior (destacado en el Salmo 8 como respuesta a la pregunta "¿Qué es el hombre?") como facetas adicionales de esta imagen.

Por tanto, en el momento de la creación, la imagen de Dios en el hombre consistía (1) en que el hombre, era un "alma" o "espíritu" (Gn. 2:7, la RVR60 lo traduce correctamente como "ser viviente"; Ec. 12:7); esto es, una criatura semejante a Dios, consciente de sí misma y personal, con una capacidad para el conocimiento, el pensamiento y la acción semejante a la divina; (2) en que el hombre era moralmente recto, cualidad perdida en la caída, y que en el presente se va restaurando en Cristo de manera progresiva (Ef. 4:24; Col. 3:10); y (3) en que el hombre dominaba sobre su ambiente. Se suele añadir, y es razonable que se haga, que (4) la inmortalidad dada por Dios al hombre y (5) el cuerpo humano, por medio del cual experimentamos la realidad, nos expresamos a nosotros mismos y ejercemos nuestro dominio, pertenecen también a esta imagen.

El cuerpo no pertenece de manera directa a la imagen, puesto que Dios, como hemos indicado antes, no tiene cuerpo. Pertenece de manera indirecta, puesto que las actividades de ejercer dominio sobre la creación material y manifestarles afecto a otros seres racionales, que nos asemejan a Él, hacen necesario que tengamos un cuerpo. No hay una vida humana plena sin un cuerpo que funcione, tanto aquí como en el más allá. Esa verdad, implícita en Génesis 1, quedó explícita gracias a la encarnación y resurrección de Jesucristo, quien fue la imagen verdadera de Dios, tanto en su humanidad como en su divinidad. El Señor Jesús glorificado tiene un cuerpo para toda la eternidad, tal como los cristianos.

La caída dañó la imagen de Dios, no solo en Adán y Eva, sino en todos sus descendientes; esto es, en toda la raza humana. Retenemos esa imagen de manera estructural, en el sentido de que nuestra humanidad está intacta, pero no de manera funcional, porque ahora somos esclavos del pecado e incapaces de usar nuestros poderes para reflejar la santidad de Dios. La regeneración comienza el proceso de restauración de la imagen moral de Dios en nuestra vida, pero hasta que no estemos plenamente santificados y glorificados, no podremos reflejar a Dios perfectamente en pensamiento y acción, tal como era su propósito al crear a la humanidad y tal como el Hijo de Dios encarnado hizo en su humanidad y hace aún (Jn. 4:34; 5:30; 6:38; 8:29, 46; Ro. 6:4, 5, 10; 8:11).

EL SER HUMANO

Los humanos son cuerpo y alma, en dos géneros

Entonces Jehová Dios formó al hombre del polvo de la tierra, y sopló en su nariz aliento de vida, y fue el hombre un ser viviente.

Génesis 2:7

Varón y hembra los creó.

Génesis 1:27

Todos los seres humanos en este mundo constan de un cuerpo material animado por un "yo" personal inmaterial. Las Escrituras dan a este "yo" el nombre de "alma" o "espíritu". La palabra "alma" destaca la distintividad del "yo" consciente de una persona como tal, mientras que el término "espíritu" lleva en sí el matiz de que este "yo" se deriva de Dios, depende de Él y es distinto al cuerpo como tal.

El uso bíblico nos lleva a decir que *tenemos y somos* alma y espíritu, pero es un error pensar que el alma y el espíritu son dos cosas diferentes; la visión "tricótoma" del ser humano como cuerpo, alma y espíritu es incorrecta. La idea corriente de que el alma es un órgano para la conciencia de este mundo solamente y que el espíritu es un órgano distintivo de la comunión con Dios, que adquiere vida en la regeneración, se halla fuera de sintonía con las enseñanzas y el uso de estas palabras en la Biblia. Además, conduce a un antiintelectualismo paralizante en el que la comprensión espiritual y el pensamiento teológico son separados, con el consiguiente empobrecimiento de ambos, puesto que considera a la teología como algo del alma que no es espiritual, y a la percepción espiritual como algo que no tiene relación alguna con la enseñanza y el aprendizaje de la verdad revelada por Dios.

La encarnación del alma es algo fundamental dentro del diseño de Dios para la humanidad. Por medio del cuerpo, como dijimos anteriormente, podemos experimentar nuestro ambiente, disfrutar y controlar las cosas que nos rodean y relacionarnos con otras personas. Tal como Dios lo creo originalmente, no había nada de malvado ni de corruptible en el cuerpo y, de no haber entrado el pecado, las enfermedades físicas, el envejecimiento y la decadencia que lleva a la muerte tal como la conocemos nunca habrían formado parte de la vida humana (Gn. 2:17; 3:19, 22; Ro. 5:12). En cambio, ahora los seres humanos están corrompidos por completo en su ser psicofísico, tal como lo demuestran sus apetitos desordenados, tanto físicos como mentales, y su guerra continua entre las personas y contra las normas de la sabiduría y de la justicia.

Al producirse la muerte, el alma deja atrás el cuerpo del difunto, pero no se trata de la feliz liberación que se han imaginado los filósofos griegos y algunos miembros de sectas. La esperanza cristiana no es que seamos redimidos *del cuerpo*, sino que sea redimido *el cuerpo*. Esperamos con ansias nuestra participación en la resurrección de Cristo en y por medio de la resurrección de nuestro propio cuerpo. Aunque en el momento presente nos sea desconocida la composición exacta de nuestro futuro cuerpo glorificado, sabemos que habrá una cierta forma de continuidad con nuestro cuerpo presente (1 Co. 15:35-49; Fil. 3:20-21; Col. 3:4).

Ambos géneros, masculino y femenino, forman parte del diseño de la creación. Hombres y mujeres son igualmente portadores de la imagen de Dios (Gn. 1:27) y, por consiguiente, su dignidad es igual. La naturaleza mutuamente complementaria de los géneros tiene por propósito llevar a una cooperación enriquecedora (ver Gn. 2:18-23) cuando ambos desempeñan su papel, no solo en el matrimonio, la procreación y la vida familiar, sino también en las actividades más amplias de la vida. La percepción de la insondable diferencia que existe entre nosotros y una persona del otro género tiene como objetivo ser una escuela para aprender la práctica y el gozo de la valoración, la apertura, el honor, el servicio y la fidelidad, los cuales pertenecen a la cortesía que exige la misteriosa realidad del otro género. La ideología del "unisex" que trata de diluir la importancia de los dos géneros pervierte así el orden dispuesto por Dios. En cambio, el lema francés sobre la distinción entre los géneros: *"Vive la différence!"* (¡Que viva la diferencia!) expresa el punto de vista bíblico.

SEGUNDA PARTE

DIOS REVELADO COMO REDENTOR

LA CAÍDA

La primera pareja humana pecó

Y vio la mujer que el árbol era bueno para comer, y que era agradable a los ojos, y árbol codiciable para alcanzar la sabiduría; y tomó de su fruto, y comió; y dio también a su marido, el cual comió así como ella.

Génesis 3:6

Pablo afirma en la Epístola a los Romanos que, por naturaleza, toda la humanidad se halla bajo la culpa y el poder del pecado, el reinado de la muerte y la ira ineludible de Dios (Ro. 1:18-19; 3:9, 19; 5:17, 21; cp. 1:18–3:20). En este tema, se remonta al pecado de aquel hombre que describe, al hablar en Atenas, como nuestro antepasado común (Ro. 5:12-14; Hch. 17:26; cp. 1 Co. 15:22). Se trata de una interpretación apostólica con autoridad sobre el relato que recoge Génesis 3, donde encontramos la historia de la caída: la derrota original del ser humano, que lo alejó de Dios y de la santidad para hacerlo entrar en el pecado y la perdición. Los puntos fundamentales de esa historia, vistos a través del lente de la interpretación dada por Pablo, son los siguientes:

1. Dios hizo del primer hombre el representante de toda su posteridad, de igual manera que hizo de Jesucristo el representante de todos sus elegidos (Ro. 5:15-19 con 8:29-30; 9:22-26). En ambos casos, el representante haría partícipes de los frutos de su conducta personal, buena o mala, a quienes representaba, de la misma forma que el líder de una nación hace partícipe a su pueblo de las consecuencias de su conducta cuando declara

la guerra, por ejemplo. Esta disposición escogida por Dios, mediante la cual Adán decidiría el destino de sus descendientes, ha sido llamada "el pacto de obras", aunque esta expresión no se encuentre en la Biblia.

2. Dios puso al primer hombre en un estado de felicidad y prometió prolongarlo para él y para su posteridad después de él, si mostraba fidelidad con una trayectoria de obediencia positiva y perfecta y, concretamente, si se privaba de comer de un árbol descrito como el árbol de la ciencia del bien y del mal. Da la impresión de que el árbol tenía este nombre porque lo que estaba en cuestión era si Adán dejaría que Dios le dijera lo que era bueno o malo para él o si trataría de decidirlo por sí mismo, sin tener en cuenta lo que había dicho Dios. De hecho, al comer de este árbol, Adán estaría declarando que él podía saber y decidir qué era bueno y qué era malo para él, sin consultar a Dios.

3. Adán, impulsado por Eva, que a su vez fue impulsada por la serpiente (Satanás disfrazado: 2 Co. 11:3 con el v. 14; Ap. 12:9), desafió a Dios al comer del fruto prohibido. Las consecuencias fueron, en primer lugar, que la forma de pensar contra Dios y a favor del propio engrandecimiento, expresada en el pecado de Adán, se convirtió en parte de su ser y de la naturaleza moral que transfirió a sus descendientes (Gn. 6:5; Ro. 3:9-20). En segundo lugar, Adán y Eva se encontraron dominados por una sensación de suciedad y de culpa que los hizo sentirse avergonzados y temerosos ante Dios, y con razón. En tercer lugar, recibieron una maldición según la cual debían esperar el dolor y la muerte, y fueron expulsados del Edén. No obstante, al mismo tiempo, Dios comenzó a mostrarles su misericordia salvadora; les hizo vestidos de pieles para cubrir su desnudez y prometió que la simiente de la mujer aplastaría la cabeza a la serpiente un día. Esto anticipaba a Cristo.

Aunque Génesis haga este relato con un estilo algo figurado, exige que lo leamos como historia; en Génesis, se relaciona a Adán con los patriarcas y, con ellos, al resto de la humanidad, por medio de las genealogías (caps. 5, 10, 11), con lo que lo convierte en una parte tan real de la historia en cuanto a tiempo y espacio como Abraham, Isaac y Jacob. Todos los personajes principales del libro después de Adán, con la excepción de José, aparecen como pecadores de una u otra forma, y la muerte de José, como la de casi todos los demás que aparecen en el relato, está cuidadosamente documentada (Gn. 50:22-26); la afirmación de Pablo de que "en Adán todos mueren" (1 Co. 15:22) solo hace explícito lo que Génesis implica con claridad.

Se puede afirmar con toda justicia que el relato de la caída nos proporciona la única explicación convincente que ha visto el mundo sobre la perversidad de la naturaleza humana. Pascal decía que la doctrina del pecado original parece una ofensa a la razón, pero una vez aceptada, le da una lógica total a la triste situación de los seres humanos. Tenía razón, y lo mismo se debería decir del propio relato de la caída.

EL PECADO ORIGINAL

La depravación infecta a todos

He aquí, en maldad he sido formado, y en pecado me concibió
mi madre.

Salmos 51:5

Las Escrituras diagnostican el pecado como una deformación universal de la naturaleza humana que aparece en todo momento y en toda persona (1 R. 8:46; Ro. 3:9-23; 7:18; 1 Jn. 1:8-10). Ambos Testamentos le asignan nombres que manifiestan su carácter ético, como rebelión contra el dominio de Dios, el acto de no dar en el blanco que Dios nos ha puesto delante, transgredir la ley de Dios, desobedecer las órdenes divinas, ofender la pureza de Dios al contaminarnos a nosotros mismos y caer en culpa ante Dios como Juez. Esta deformidad moral es dinámica: el pecado se revela como una energía de reacción irracional, negativa y rebelde, ante el llamado y el mandato de Dios; un espíritu de lucha contra Dios que busca jugar a ser Dios. La raíz del pecado es el orgullo y la enemistad contra Dios, el espíritu evidente en la primera transgresión de Adán, y los actos de pecado siempre son provocados por pensamientos, motivos y deseos que de una u otra forma expresan la hostilidad voluntaria del corazón caído ante las demandas de Dios sobre nuestra vida.

En un sentido amplio, podemos definir el *pecado* como una falta de conformidad con la ley de Dios en actos, hábitos, actitudes, puntos de vista, disposiciones, motivaciones y manera de vivir. Entre los lugares de las Escrituras donde se ilustran los diferentes aspectos del pecado, se encuentran Jeremías 17:9; Mateo 12:30-37; Marcos 7:20-23;

94

Romanos 1:18–3:20; 7:7-25; 8:5-8; 14:23 (Lutero decía que Pablo había escrito la Epístola a los Romanos para "magnificar el pecado"); Gálatas 5:16-21; Efesios 2:1-3; 4:17-19; Hebreos 3:12; Santiago 2:10-11; 1 Juan 3:4; 5:17. En los escritos de Pablo, la palabra *carne* suele referirse a un ser humano que es guiado por sus apetitos pecaminosos; hay versiones que traducen la palabra en estas circunstancias con la expresión "naturaleza pecaminosa". Las faltas y los vicios concretos (es decir, las formas y expresiones del pecado) que las Escrituras detectan y denuncian son demasiados para enumerarlos aquí.

La frase *pecado original,* que se refiere al pecado que se deriva de nuestro origen, no aparece en la Biblia (fue Agustín quien la acuñó), pero sí enfoca de una manera provechosa la realidad del pecado en nuestro sistema espiritual. La afirmación de que hay un pecado original no significa que el pecado forme parte de la naturaleza humana, tal como Dios la hizo (Él hizo justa a la humanidad, Ec. 7:29), ni que haya pecado implicado en los procesos de reproducción y de nacimiento (la impureza relacionada con la menstruación, el semen y el parto en Levítico 12 y 15 era típica y ceremonial solamente, no moral ni real). En cambio, significa que (1) esta condición de pecado marca a todos desde su nacimiento y se halla presente bajo la forma de un corazón torcido en cuanto a sus motivaciones, antes de que exista ningún pecado propiamente dicho; (2) esta pecaminosidad interna es la raíz y fuente de todos los pecados personales; y (3) llega hasta nosotros de una manera real, aunque misteriosa, desde Adán, nuestro primer representante ante Dios. La afirmación de que hay un pecado original expresa el principio de que no somos pecadores porque pequemos, sino que más bien pecamos porque somos pecadores, nacidos con una naturaleza esclavizada al pecado.

La frase *depravación total* se suele usar para hacer explícitas las consecuencias del pecado original. Significa que existe una corrupción de nuestra naturaleza moral y espiritual que es completa, no en grado (porque nadie es tan malo como podría ser), sino en extensión. Declara que no hay parte alguna de nuestro ser que no haya sido tocada por el pecado; por tanto, no hay acción nuestra que sea tan buena como debería ser y, en consecuencia, no hay nada en nosotros ni relacionado con nosotros que pueda parecer jamás digno de mérito ante los ojos de Dios. Hagamos lo que hagamos, no podemos ganar el favor de Dios; a menos que la gracia nos salve, estamos perdidos.

La depravación total conlleva una incapacidad total; esto es, el estado de no tener recursos internos para responder ante Dios y ante su Palabra de una manera sincera y profunda (Jn. 6:44; Ro. 8:7-8). Pablo llama "estado de muerte" a esta incapacidad de respuesta por parte del corazón caído (Ef. 2:1, 5; Col. 2:13) y la Confesión de Westminster afirma: "El hombre, mediante su caída en el estado de pecado, ha perdido totalmente toda capacidad para querer algún bien espiritual que acompañe a la salvación; de tal manera que, un hombre natural, siendo completamente opuesto a aquel bien, y estando muerto en pecado, es incapaz de convertirse, o prepararse para ello, por su propia fuerza" (IX.3).

LA INCAPACIDAD DEL HOMBRE

*Los seres humanos caídos son libres
y esclavos al mismo tiempo*

Engañoso es el corazón más que todas las cosas, y perverso;
¿quién lo conocerá?

JEREMÍAS 17:9

Una reflexión clara sobre la naturaleza humana caída exige que se haga una distinción entre lo que se ha llamado durante los dos últimos siglos libre *voluntad* y lo que se ha llamado libre *albedrío* desde los principios del cristianismo. Agustín, Lutero, Calvino y otros hablaron del libre albedrío en dos sentidos, uno ordinario y otro importante, pero esto resultaba confuso y es mejor usar siempre el término libre *voluntad* en el primero de estos sentidos.

La libre voluntad es la marca de los seres humanos. Todos los humanos tienen libre voluntad, en el sentido de que toman sus propias decisiones en cuanto a su actuar y escogen según les parece a la luz de su sentido de lo correcto y lo incorrecto y de las inclinaciones que sienten. Por lo tanto, son agentes morales, responsables ante Dios y entre ellos por sus decisiones voluntarias. Así era Adán, tanto antes de pecar como después; así somos nosotros ahora; y así son los santos glorificados que están confirmados en gracia de tal manera que ya no tienen dentro de sí la inclinación al pecado. La incapacidad de pecar será uno de los deleites y glorias del cielo, pero no eliminará la humanidad de la persona; los santos glorificados aún tomarán decisiones de acuerdo con su naturaleza y estas decisiones serán también producto de la libre voluntad del hombre, aunque siempre serán buenas y justas.

No obstante, a partir del siglo II, los maestros cristianos han definido el libre albedrío como la capacidad para escoger todas las opciones morales que ofrezca una situación. Agustín afirmó, en contra de Pelagio y de la mayoría de los Padres griegos, que el pecado original nos ha privado del libre albedrío en este sentido. No tenemos capacidad natural para discernir y escoger el camino de Dios, porque no tenemos una inclinación natural hacia Él; nuestro corazón se halla esclavizado al pecado y solo la gracia de la regeneración nos puede liberar de esa esclavitud. En esencia, esto es lo que enseña Pablo en Romanos 6:16-23: solo la voluntad *liberada* (Pablo habla de la persona liberada) escoge la justicia de forma libre y voluntaria. El amor permanente por la justicia; esto es, la inclinación del corazón hacia la manera de vivir que agrada a Dios, es un aspecto de la libertad que da Cristo (Jn. 8:34-36; Gá. 5:1, 13).

Vale la pena observar que la *voluntad* es una abstracción. Mi voluntad no es una parte de mi ser que yo pueda mover o no mover, según decida, como la mano o el pie; es precisamente mi propio "yo" que decide actuar y que, luego, entra en acción. Podemos expresar con mayor claridad la verdad con respecto a la libre voluntad y a que Cristo libera al esclavo del pecado, si cada persona dice: "*Yo* soy el agente moralmente responsable; *yo* soy el esclavo del pecado a quien Cristo debe liberar; *yo* soy el ser caído que solo tiene en sí la capacidad para tomar decisiones contra Dios hasta que Él renueve mi corazón".

EL PACTO

Dios lleva a los humanos pecadores a un pacto de gracia

> Pero Jehová había dicho a Abraham: Vete de tu tierra y de tu parentela, y de la casa de tu padre, a la tierra que te mostraré. Y haré de ti una nación grande, y te bendeciré, y engrandeceré tu nombre, y serás bendición. Bendeciré a los que te bendijeren, y a los que te maldijeren maldeciré; y serán benditas en ti todas las familias de la tierra.
>
> GÉNESIS 12:1-3

En las Escrituras, los pactos son acuerdos solemnes, negociados o impuestos de manera unilateral, que atan entre sí a ambas partes en relaciones permanentes definidas con promesas, exigencias y obligaciones concretas hacia ambas partes (p. ej.: el pacto matrimonial, Mal. 2:14).

Cuando Dios hace un pacto con sus criaturas, solo Él establece sus términos, como lo manifiesta su pacto con Noé y con todas las criaturas vivientes (Gn. 9:9). Cuando Adán y Eva desobedecieron los términos del pacto de obras (Gn. 3:6), Dios no los destruyó, sino que les reveló su pacto de gracia al prometer un Salvador (Gn. 3:15). El pacto de Dios se fundamenta en su promesa, como se ve con claridad en su pacto con Abraham. Él llamó a Abraham para que saliera hacia la tierra que le daría y le prometió bendecirlo a él y a todas las familias de la tierra por medio de él (Gn. 12:1-3). Abraham obedeció al llamado de Dios, porque creyó su promesa; su fe en la promesa fue lo que Dios le atribuyó como justicia (Gn. 15:6; Ro. 4:18-22). El pacto de Dios con Israel en el

Sinaí tomó la forma de los tratados de soberanía del Cercano Oriente; esto es, un pacto real impuesto de forma unilateral sobre un rey vasallo y un pueblo de siervos. Aunque aquel pacto exigía obediencia a las leyes de Dios bajo la amenaza de su maldición, era continuación de su pacto de gracia (Éx. 3:15; Dt. 7:7-8; 9:5-6). Dios le dio sus mandamientos a un pueblo que Él ya había redimido y reclamado como suyo (Éx. 19:4; 20:2). La promesa del pacto de Dios fue fortalecida por medio de los tipos y sombras de la ley dada a Moisés. El fracaso de los israelitas para cumplir el pacto mosaico manifestó la necesidad de una nueva redención y pacto, para que el pueblo de Dios fuera verdaderamente suyo, y Él, Dios de ellos (Jer. 31:31-34; 32:38-40; cp. Gn. 17:7; Éx. 6:7; 29:45-46; Lv. 11:44-45; 26:12).

El pacto de Dios con Israel fue una preparación para la venida del mismo Dios en la persona de su Hijo, para cumplir todas sus promesas y dar sustancia a las sombras arrojadas por los tipos (Is. 40:10; Mal. 3:1; Jn. 1:14; He. 7–10). Jesucristo, el mediador del nuevo pacto, se ofreció a sí mismo como el sacrificio verdadero y definitivo por el pecado. Obedeció la ley de una manera perfecta y, en su condición de segundo representante federal de la raza humana, se convirtió en el heredero de todas las bendiciones del pacto que comprendían perdón, paz y amistad con Dios en su creación renovada, bendiciones que ahora otorga a los creyentes. Las disposiciones típicas y temporales para la entrega de esas bendiciones fueron desechadas por medio del cumplimiento de lo que anticipaban. El envío de su Espíritu por parte de Cristo desde el trono de su gloria sella al pueblo de Dios como propiedad suya, al mismo tiempo que Él se entrega a ese pueblo (Ef. 1:13-14; 2 Co. 1:22).

Tal como lo explica Hebreos 7–10, Dios introdujo una versión mejorada de su único pacto eterno con los pecadores (13:20): un pacto mejor, con promesas mejores (8:6), basado en un sacrificio mejor (9:23), ofrecido por un sumo sacerdote mejor en un santuario mejor (7:26–8:6; 9:11, 13-14), que garantizaba una esperanza mejor que la que la versión anterior del pacto había hecho explícito jamás; es decir, una gloria sin fin con Dios en "una patria mejor, esto es, celestial" (11:16; cp. 40).

El cumplimiento del antiguo pacto en Cristo abre la puerta de la fe a los gentiles. La "simiente de Abraham", la comunidad definida con la cual se realizó el pacto, fue redefinida en Cristo. Gentiles y judíos, que están unidos a Cristo por la fe, se convierten en simiente de Abraham en Él (Gá. 3:26-29), mientras que nadie fuera de Cristo puede entrar en un pacto con Dios (Ro. 4:9-17; 11:13-24).

El propósito de Dios al establecer su pacto es, como siempre fue, la reunión y santificación del pueblo del pacto, tomado "de todas naciones y tribus y pueblos y lenguas" (Ap. 7:9), que un día habitará en la Nueva Jerusalén dentro de un orden mundial renovado (Ap. 21:1-2). Allí hallará su máxima expresión la relación del pacto: "Ellos serán su pueblo, y Dios mismo estará con ellos como su Dios" (Ap. 21:3). Hacia esa meta sigue Dios moldeando los acontecimientos mundiales.

El marco del pacto comprende toda la economía de la gracia soberana de Dios. El ministerio celestial de Cristo sigue siendo el de "Mediador del nuevo pacto" (He. 12:24). La salvación es la salvación del pacto: la justificación y la adopción, la regeneración y la santificación son misericordias del pacto; la elección es la forma en que Dios escogió los futuros miembros de la iglesia, la comunidad de su pacto; el bautismo y la Santa Cena, que corresponden con la circuncisión y la Pascua, son ordenanzas del pacto; la ley de Dios es la ley del pacto y cumplirla es la expresión más genuina de gratitud por la gracia del pacto y de lealtad a nuestro Dios del pacto. Entrar en el pacto con Dios como respuesta al pacto que Él ha hecho con nosotros debería ser un ejercicio devocional corriente para todos los creyentes, tanto en privado como en la Santa Cena. La comprensión del pacto de la gracia nos guía por todas las maravillas del amor redentor de Dios y nos ayuda a valorarlas.

34

LA LEY

▼

Dios legisla y exige obediencia

Llamó Moisés a todo Israel y les dijo: Oye, Israel, los estatutos y
decretos que yo pronuncio hoy en vuestros oídos; aprendedlos,
y guardadlos, para ponerlos por obra.

Deuteronomio 5:1

El hombre no fue creado autónomo; esto es, libre para constituirse
en su propia ley, sino teónomo; es decir, obligado a cumplir la
ley de su Hacedor. Esto no significó privación alguna, porque Dios
lo había hecho de tal forma que la obediencia agradecida le producía
la felicidad mayor; el deber y el deleite coincidían, como sucedía con
Jesús (Jn. 4:34; cp. Sal. 112:1; 119:14, 16, 47-48, 97-113, 127-128,
163-167). Al corazón humano caído le desagrada la ley de Dios, porque
es una ley y porque es de Dios; en cambio, los que conocen a Cristo
hallan que no solo aman la ley y quieren guardarla por agradecimiento
ante la gracia (Ro. 7:18-22; 12:1-2), sino que también el Espíritu Santo
los conduce a un grado de obediencia que emana del corazón y que
nunca antes habían tenido (Ro. 7:6; 8:4-6; He. 10:16).

La ley moral de Dios es presentada de manera amplia en las
Escrituras con el Decálogo (los Diez Mandamientos), las otras normas mosaicas, los sermones de los profetas, las enseñanzas de Jesús y
las epístolas del Nuevo Testamento. Esta ley refleja su santidad y sus
propósitos para los seres humanos que Él creó. Dios ordena la conducta que a Él le agrada ver y prohíbe la que lo ofende. Jesús resume
la ley moral en los dos grandes mandamientos de amar a nuestro
Dios y amar a nuestro prójimo (Mt. 22:37-40), de los cuales, afirma,

"dependen" todas las instrucciones morales del Antiguo Testamento. Las enseñanzas morales de Cristo y de sus apóstoles son la ley antigua, profundizada y aplicada a circunstancias nuevas: la vida en el reino de Dios donde gobierna el Salvador y en la era del Espíritu posterior a Pentecostés, donde los que forman el pueblo de Dios son llamados a vivir la vida del cielo entre ellos y a ser la contracultura de Dios en el mundo.

Las leyes bíblicas son de diversas clases. Las leyes morales ordenan la conducta personal y comunitaria que constituye siempre nuestro deber. Las leyes políticas del Antiguo Testamento aplicaban los principios de la ley moral a la situación nacional de Israel cuando era un estado eclesial, el pueblo de Dios sobre la tierra. Las leyes del Antiguo Testamento sobre la pureza ritual, los alimentos y los sacrificios constituían decretos temporales con propósitos educativos que el Nuevo Testamento cancela (Mt. 15:20; Mr. 7:15-19; 1 Ti. 4:3-5; He. 10:1-14; 13:9-10) porque su significado simbólico había quedado cumplido. La yuxtaposición de leyes morales, judiciales y rituales en los libros mosaicos llevaba en sí el mensaje de que la vida sometida a Dios no se debe ver ni vivir dividida en compartimentos, sino como una unidad con muchas facetas. También señalaba que la autoridad de Dios como legislador otorgaba igual fuerza al código entero. Sin embargo, las leyes eran de diferentes clases, tenían propósitos distintos; además, las leyes políticas y rituales tenían una aplicación limitada. Se ve con claridad, tanto a partir del contexto inmediato como a partir del resto de sus enseñanzas, que la afirmación de Jesús sobre la fuerza universal e inmutable de la ley de Dios se refiere a la ley moral como tal (Mt. 5:17-19; cp. Lc. 16:16-17).

Dios exige la obediencia total de cada persona entera a todas las derivaciones de su ley, tal como Él la ha promulgado. Esta ley "obliga a todos [...] a una completa obediencia por siempre"; "es espiritual, de modo que abarca el entendimiento, la voluntad, las afecciones y todos los demás poderes del alma; como también abarca las palabras, obras y gestos" (en otras palabras, los deseos deben ser tan rectos como los actos y las exterioridades farisaicas no bastan: Mt. 15:7-8; 23:25-28); y los corolarios de la ley forman parte de su contenido: "donde un deber es mandado, el pecado contrario se prohíbe; y donde un pecado se prohíbe, el deber contrario es mandado" (Catecismo Mayor de Westminster, P. 99).

35

LA LEY EN ACCIÓN

La ley moral de Dios tiene tres propósitos

Yo no conocí el pecado sino por la ley.

Romanos 7:7

Las Escrituras señalan que Dios quiere que su ley funcione en tres sentidos, que Calvino cristalizó de manera clásica para beneficio de la iglesia como el uso tripartito de la ley.

Su primera función consiste en ser un espejo que refleje para nosotros, tanto la justicia perfecta de Dios, como nuestro propio pecado y nuestras faltas. Así, "la ley nos indica, cuando tratamos de cumplir sus exigencias y nos cansamos de estar sometidos a ella en nuestra debilidad, que aprendamos a pedir la ayuda de la gracia" (Agustín). La ley tiene como propósito darnos conocimiento del pecado (Ro. 3:20; 4:15; 5:13; 7:7-11) y, al mostrarnos que tenemos necesidad de perdón y que nos hallamos en peligro de condenación, guiarnos al arrepentimiento y a la fe en Cristo (Gá. 3:19-24).

Su segunda función consiste en refrenar el mal. Aunque no puede cambiar el corazón, hasta cierto punto puede inhibir la anarquía con sus amenazas de juicio, en especial cuando la respalda un código civil que castiga los delitos probados (Dt. 13:6-11; 19:16-21; Ro. 13:3-4). De esta forma, asegura que exista algún orden civil y sirve hasta cierto punto para proteger a los justos de los injustos.

Su tercera función consiste en guiar al que ha sido regenerado hacia las buenas obras que Dios ha planificado para él (Ef. 2:10). La ley muestra a los hijos de Dios lo que le agrada a su Padre celestial. Se podría considerar como el código familiar. Cristo estaba refiriéndose a este tercer uso de la ley cuando dijo que era necesario enseñar a guardar la ley y a hacer todo lo que Él había ordenado a los que se hicieran discípulos suyos (Mt. 5:18-20; 28:20) y que la obediencia a sus mandatos demostrará la realidad de nuestro amor por Él (Jn. 14:15). El cristiano está libre de la ley como supuesto sistema de salvación (Ro. 6:14; 7:4, 6; 1 Co. 9:20; Gá. 2:15-19; 3:25), pero se halla "bajo la ley de Cristo" como norma de vida (1 Co. 9:21; Gá. 6:2).

LA CONCIENCIA

Dios nos enseña y purifica nuestro corazón

Y la tierra se contaminó bajo sus moradores; porque traspasaron las leyes, falsearon el derecho, quebrantaron el pacto sempiterno.

Isaías 24:5

La conciencia es el poder innato de nuestra mente para hacer juicios morales sobre nosotros mismos, que aprueba o reprueba nuestras actitudes, acciones, reacciones, pensamientos y planes, y que nos informa, si no aprueba lo que hemos hecho, lo que debemos sufrir por ello. La conciencia está constituida por dos elementos: (1) el conocimiento de que ciertas cosas son correctas o incorrectas y (2) la capacidad para aplicar las leyes y las reglas a situaciones concretas. La conciencia es diferente a todos los otros poderes mentales y es única; la sentimos como si fuera otra persona separada de nosotros que, con frecuencia, habla cuando nos gustaría que callara y nos dice cosas que preferiríamos no escuchar. Nosotros podemos decidir si le hacemos caso a la conciencia, pero no podemos decidir si habla o no; nuestra experiencia nos dice que ella decide esto por sí misma. Debido a su insistencia en juzgarnos a partir de la norma más alta que conozcamos, la consideramos la voz de Dios en el alma y, en ese sentido, lo es.

Pablo dice que Dios ha escrito algunas de las exigencias de su ley en el corazón de todo ser humano (Ro. 2:14-15) y la experiencia lo confirma. (En las Escrituras, la palabra "corazón" suele ser sinónimo de "conciencia"; la NVI, por ejemplo, traduce correctamente el texto hebreo de 1 S. 24:5 que significa literalmente "el corazón de David lo golpeó" con estas palabras: "le remordió la conciencia"; este es uno de varios ejemplos). Con todo, es posible que la conciencia esté mal informada, o condicionada a ver como bien el mal, o bien cauterizada y embotada por la repetición del pecado (1 Ti. 4:2). En esos casos, se queda corta de la voz de Dios. Solo debemos recibir como voz de Dios los juicios particulares de la conciencia cuando estén de acuerdo con la ley y la verdad divinas que aparecen en las Escrituras. Por tanto, es necesario educar a la conciencia para que juzgue bíblicamente.

La conciencia de la persona tiende a reflejar las normas familiares y comunitarias, o la ausencia de ellas. El libro de Jueces relata historias espantosas sobre cosas que se hicieron en una época durante la cual "cada uno hacía lo que bien le parecía" (Jue. 17:6; 21:25).

La superstición o los escrúpulos pueden llevar a una persona a considerar pecaminosa una acción que la Palabra de Dios declara que no lo es, pero para una conciencia así de "débil" (Ro. 14:1-2; 1 Co. 8:7, 12), hacer lo que considera pecado sería pecado (Ro. 14:23). Por consiguiente, nunca debemos presionar a las personas "débiles" a hacer lo que ellas en conciencia no pueden hacer.

El ideal del Nuevo Testamento es una conciencia "buena" y "limpia" (porque buscamos la justicia y evitar el pecado: Hch. 24:16; 1 Ti. 1:5, 19; He. 13:18; 1 P. 3:16). Para llegar a esto, es necesario que nuestra conciencia sea "purificada" primero por la sangre de Cristo; debemos ver que, gracias a que Cristo soportó en el sacrificio de su muerte el sufrimiento que merecíamos por todas nuestras malas acciones, estas ya no constituyen una barrera para nuestra comunión con Dios (He. 9:14).

LA ADORACIÓN

Dios nos da pautas litúrgicas

Venid, adoremos y postrémonos; arrodillémonos delante de Jehová nuestro Hacedor. Porque él es nuestro Dios; nosotros el pueblo de su prado, y ovejas de su mano.

SALMOS 95:6-7

En la Biblia, la adoración es la respuesta debida de las criaturas racionales ante la revelación que hace su Creador de sí mismo. Consiste en honrar y glorificar a Dios al ofrecerle de vuelta con gratitud todos los buenos dones y todo el conocimiento de su grandeza y bondad que Él les ha dado. Incluye la alabanza por lo que Él es, la acción de gracias por lo que ha hecho, el anhelo de que se glorifique más aún por medio de nuevos actos de misericordia, de juicio y de poder, y encomendarle nuestra preocupación por nuestro bienestar futuro y el de otros. Los arranques de maravillada admiración y celebración agradecida forman parte de ella: David danzó con apasionado celo "delante de Jehová" cuando hizo subir el arca a Jerusalén y se sentó en humilde asombro "ante Jehová" cuando Él le prometió una dinastía; es evidente que su adoración agradó a Dios en ambas ocasiones (2 S. 6:14-16; 7:18). Aprender de Dios también constituye adoración: la atención a sus palabras de instrucción lo honra, pero la falta de atención es un insulto. La adoración aceptable exige "limpieza de manos y pureza de corazón" (Sal. 24:4) y estar dispuestos a expresar nuestra entrega no solo en palabras de adoración, sino también en obras de servicio.

El fundamento de la adoración es la relación de pacto por medio de la cual Dios se ha identificado con aquellos a quienes ha salvado y proclamado suyos. Esto era tan cierto de la adoración del Antiguo Testamento, como lo es ahora de la adoración cristiana. El espíritu de adoración dentro del pacto, según el modelo que el Antiguo Testamento presenta, es una mezcla de asombro reverente y de gozo por el privilegio de poder acercarnos al Creador omnipotente con una humildad radical y una sincera confesión de nuestro pecado, necedad y necesidad. Puesto que Dios es santo y nosotros estamos llenos de faltas, así deberá ser siempre en este mundo. Tal como la adoración será central en la vida en el cielo (Ap. 4:8-11; 5:9-14; 7:9-17; 11:15-18; 15:2-4; 19:1-10), también debe ser central en la vida de la iglesia sobre la tierra y la actividad principal, tanto privada como colectiva, en la vida de todos los creyentes hoy (Col. 3:17).

En la legislación mosaica, Dios le dio al pueblo del pacto todo un conjunto de pautas para la adoración. En este estaban incluidos todos los elementos de la adoración genuina, aunque algunos de ellos eran tipos que señalaban hacia Cristo en el futuro y que dejaron de tener validez cuando Él vino. En el libro de los Salmos, aparecen himnos y oraciones para el uso de Israel en el culto. Los cristianos los usan con todo derecho hoy en su culto, aunque deben hacer los ajustes mentales necesarios cuando se refieren a rasgos típicos de la dispensación del Antiguo Testamento en el pacto con Dios: el rey terrenal de Israel, el reino, los enemigos, las batallas y las experiencias de prosperidad, empobrecimiento y disciplina divina, además de las cosas que eran típicas de las pautas judías de adoración.

Los rasgos principales de las pautas litúrgicas dadas por Dios a Israel son los siguientes:

1. El día de reposo, el séptimo día después de seis días de trabajo: un día santo para el descanso, que se debía observar en memoria de la creación (Gn. 2:3; Éx. 20:8-11) y la redención (Dt. 5:12-15). Dios insistía en que se guardara el día de reposo (Éx. 16:21-30; 20:8-9; 31:12-17; 34:21; 35:1-3; Lv. 19:3, 30; 23:3; cp. Is. 58:13-14) e hizo del quebrantamiento del día de reposo un delito capital (Éx. 31:14; Nm. 15:32-36).

2. Tres fiestas nacionales al año (Éx. 23:14-17; 34:23; Dt. 16:16) en las cuales se reunía el pueblo en el santuario de Dios para ofrecer sacrificios en celebración de su generosidad, para buscar y reconocer la reconciliación y la amistad con Él y para comer y beber juntos como expresión de gozo. La fiesta de la pascua y de los panes sin levadura, que se celebraba en el decimocuarto día del primer mes, conmemoraba el éxodo (Éx. 12; Lv. 23:5-8; Nm. 28:16-25; Dt. 16:1-8); la fiesta de las semanas, llamada también fiesta de la siega y día de las primicias, señalaba el final de la cosecha de los cereales y se celebraba cincuenta días después del día de reposo con el que comenzaba la pascua (Éx. 23:16; 34:22; Lv. 23:15-22; Nm. 28:26-31; Dt. 16:9-12); y la fiesta de los tabernáculos, llamada también fiesta de la cosecha, que tenía lugar desde el día decimoquinto hasta el vigésimo segundo del mes séptimo, que celebraba el final del año agrícola, además de recordarles la forma en que Dios guio a Israel por el desierto (Lv. 23:39-43; Nm. 29:12-38; Dt. 16:13-15).

3. El día de expiación, celebrado el día décimo del mes séptimo, durante el cual el sumo sacerdote entraba con sangre en el santuario central del templo para expiar los pecados cometidos por Israel el año anterior, y el macho cabrío expiatorio era llevado al desierto como señal de que aquellos pecados ya habían desaparecido (Lv. 16).

4. El sistema ordinario de sacrificios, en el que había holocaustos diarios y mensuales (Nm. 28:1-15), además de diversos sacrificios personales, cuyas características comunes eran que todo cuanto se ofreciera debía ser sin defecto y que, cuando se ofrecía un animal, se debía derramar su sangre sobre el altar de los holocaustos para hacer expiación (Lv. 17:11).

Los ritos de purificación personal (Lv. 12–15; Nm. 19) y de consagración (p. ej.: la consagración del primogénito, Éx. 13:1-16) también formaban parte de las pautas señaladas por Dios.

Bajo el nuevo pacto, en el que los tipos del Antiguo Testamento ceden su lugar a sus antitipos, el sacerdocio, el sacrificio y la intercesión de Cristo reemplazan todo el sistema mosaico de cubrir el pecado (He. 7–10); por otra parte, el bautismo (Mt. 28:19) y la Santa Cena (Mt. 26:26-29; 1 Co. 11:23-26) reemplazan la circuncisión (Gá. 2:3-5; 6:12-16) y la pascua (1 Co. 5:7-8); el calendario de fiestas judío ya no nos obliga (Gá. 4:10; Col. 2:16); las nociones sobre la impureza ceremonial y la purificación, impuestas por Dios para crear conciencia de que hay ciertas cosas que cortan nuestra relación con Él, han dejado de tener aplicación (Mr. 7:19; 1 Ti. 4:3-4); el día de reposo es renovado con una casuística de hacer el bien, más que de no hacer nada (Lc. 13:10-16; 14:1-6), y contado de otra forma, a base de uno más seis, en lugar de seis más uno. Parece evidente que los apóstoles enseñaron a los cristianos a adorar el primer día de la semana, el día de la resurrección de Jesús, "el día del Señor" (Hch. 20:7; Ap. 1:10) y a tratarlo como el día de reposo cristiano. Estos cambios fueron trascendentales, pero las pautas de alabanza, acción de gracias, deseo, confianza, pureza y servicio que constituyen la adoración genuina permanecen sin alteraciones hasta nuestros días.

LOS PROFETAS

Dios envió mensajeros a proclamar su voluntad

Profeta les levantaré de en medio de sus hermanos, como tú;
y pondré mis palabras en su boca, y él les hablará todo lo que
yo le mandare.

DEUTERONOMIO 18:18

Los profetas canónicos, cuyos libros constituyen la cuarta parte del Antiguo Testamento, fueron llamados por Dios para ser órganos y canales de revelación. Eran hombres de Dios que estaban en su secreto (Jer. 23:22; "consejo", NVI), conocían sus pensamientos y fueron capacitados por Él para manifestarlos. Dios Espíritu Santo hablaba en ellos y por medio de ellos (2 P. 1:19-21; Is. 61:1; Mi. 3:8; Hch. 28:25-27; 1 P. 1:10-12). Sabían que eso era lo que Él estaba haciendo y por eso se atrevían a comenzar sus mensajes con un "así dice Jehová" o "palabra de Jehová" y a presentar al propio Jehová como el autor de las palabras de ellos.

La profecía comprendía predicción (presagio), pero esto se solía hacer dentro de un contexto en el que se le declaraban las advertencias y exhortaciones de Dios al pueblo de su pacto para el presente (presagio). Las predicciones se referían a la venida del rey y del reino de Dios después de los juicios purificadores; la preocupación principal de los profetas era la exhortación al arrepentimiento, en la esperanza de que se pudieran evitar los juicios en el presente. Primordialmente, eran reformadores que exigían el cumplimiento de la ley de Dios y llamaban a su pueblo a regresar a la fidelidad al pacto de la que nunca debían haber caído.

A su predicación dirigida a la nación iba acompañada la oración por la nación: le hablaban a Dios del pueblo con tanta vehemencia como le hablaban al pueblo de Dios y cumplían un ministerio único como intercesores (Éx. 32:30-32 [Moisés]; 1 S. 7:5-9; 12:19-23 [Samuel]; 2 R. 19:4 [Isaías]; cp. Jer. 7:16; 11:14; 14:11).

Los falsos profetas fueron la perdición de Israel. Relacionados profesionalmente con el culto organizado del pueblo, decían lo que este quería escuchar y declaraban sus propios sueños y opiniones, en lugar de las palabras de Dios (1 R. 22:1-28; Jer. 23:9-40; Ez. 13).

En el Nuevo Testamento, un libro, Apocalipsis, se anuncia a sí mismo como profecía verdadera y fidedigna, recibida directamente de Dios (en realidad, de Dios Padre por medio de Jesucristo: Ap. 1:1-3; 22:12-20). El ministerio de los apóstoles contenía instrucción directa de Dios a su pueblo, tal como la había contenido el ministerio profético del Antiguo Testamento, aunque la manera de presentarla fuera diferente. Los profetas del período del Nuevo Testamento estaban relacionados con los apóstoles en el fundamento de la iglesia (Ef. 2:20; 3:5) como expositores del cumplimiento en Cristo de las esperanzas del Antiguo Testamento (Ro. 16:25-27). La Epístola a los Hebreos podría muy bien servir de ejemplo de este tipo de ministerio profético.

LA ENCARNACIÓN

Dios envió a su Hijo para salvarnos

Y aquel Verbo fue hecho carne, y habitó entre nosotros (y vimos su gloria, gloria como del unigénito del Padre), lleno de gracia y de verdad.

JUAN 1:14

La Trinidad y la encarnación van juntas. La doctrina de la Trinidad afirma que el hombre llamado Jesús es verdaderamente divino; la de la encarnación afirma que el Jesús divino es verdaderamente humano. Juntas, proclaman la realidad plena del Salvador que presenta el Nuevo Testamento, que vino de la diestra del Padre, a voluntad de este, para convertirse en el sustituto de los pecadores en la cruz (Mt. 20:28; 26:36-46; Jn. 1:29; 3:13-17; Ro. 5:8; 8:32; 2 Co. 5:19-21; 8:9; Fil. 2:5-8).

El momento de la verdad con respecto a la doctrina de la Trinidad llegó en el Concilio de Nicea (325 d. C.), cuando la iglesia se opuso a la idea arriana de que Jesús era la primera y más noble de las criaturas de Dios; en respuesta, la iglesia afirmó que Él era de la misma "sustancia" o "esencia" (es decir, la misma entidad existente) que el Padre. Por tanto, hay un solo Dios, no dos; la distinción entre Padre e Hijo se produce dentro de la unidad divina, y el Hijo es Dios en el mismo sentido en que lo es el Padre. Al decir que Padre e Hijo son "de una misma sustancia", y que el Hijo es "engendrado" (eco del "unigénito" de Jn. 1:14, 18; 3:16, 18), "no creado", el Credo Niceno reconocía de manera inequívoca la divinidad del hombre de Galilea.

Un acontecimiento decisivo para la confesión de la doctrina de la encarnación por parte de la iglesia tuvo lugar en el Concilio de Calcedonia (451 d. C.), cuando la iglesia se opuso tanto a la idea nestoriana de que Jesús tenía dos personalidades (el Hijo de Dios y un hombre) bajo la misma piel, como a la idea eutiquiana de que la divinidad de Jesús había absorbido por completo su humanidad. Al rechazar ambas ideas, el Concilio afirmó que Jesús es una sola persona divina y humana en dos naturalezas (esto es, con dos conjuntos de capacidades para la experiencia, la expresión, la reacción y la acción); que las dos naturalezas están unidas en su ser personal sin mezcla, confusión, separación ni división; y que cada una de las dos naturalezas retuvo sus propios atributos. En otras palabras, todas las cualidades y los poderes que hay en nosotros, al mismo tiempo que todas las cualidades y los poderes que hay en Dios estaban, están y estarán por siempre presentes de manera real y distinta en la persona del hombre de Galilea. Es así como la fórmula de Calcedonia reafirma la humanidad plena del Señor de los cielos en términos categóricos.

La encarnación, el misterioso milagro que se halla en el corazón mismo del cristianismo histórico, es fundamental para el testimonio del Nuevo Testamento. Es asombroso que los judíos hayan llegado a una creencia así. Ocho de los nueve escritores del Nuevo Testamento, al igual que discípulos originales de Jesús, eran judíos, instruidos en el axioma judío de que solo hay un Dios y de que ningún ser humano es divino. Sin embargo, todos enseñan que Jesús es el Mesías de Dios, el hijo de David ungido por el Espíritu prometido en el Antiguo Testamento (p. ej.: Is. 11:1-5; *Jristós*, "Cristo", es el equivalente griego a la palabra "Mesías"). Todos lo presentan en el triple papel de maestro, encargado de llevar el pecado del mundo y soberano: profeta, sacerdote y rey. En otras palabras, todos insisten en que se debe adorar a Jesús el Mesías y confiar personalmente en Él, lo que equivale a decir que es tanto Dios como hombre. Obsérvese cómo los cuatro teólogos más magistrales del Nuevo Testamento (Juan, Pablo, el escritor de Hebreos y Pedro) hablan de esto.

El Evangelio de Juan enmarca sus relatos como testigo (Jn. 1:14; 19:35; 21:24) con las declaraciones de su prólogo (1:1-18): que Jesús es el *Logos* (la Palabra, el Verbo) divino y eterno, el agente de la creación y la fuente de toda vida y luz (vv. 1-5, 9), que al hacerse "carne" se reveló como Hijo de Dios y fuente de gracia y de verdad; ciertamente, como "el unigénito Hijo" (cp. vv. 14, 18). Esparcidas por todo este evangelio, aparecen una serie de declaraciones del tipo "Yo soy" que tienen una importancia especial, porque *Yo soy* (en griego, *egó eimí*) es una expresión utilizada para presentar el nombre de Dios en la traducción griega de Éxodo 3:14; cada vez que Juan informa que Jesús está diciendo *egó eimí*, hay implícita una proclamación de deidad. Tenemos ejemplos de esto en Juan 8:28, 58 y en las siete afirmaciones de su gracia como (1) el Pan de vida, que da alimento espiritual (6:35, 48, 51); (2) la Luz del mundo, que disipa las tinieblas (8:12; 9:5); (3) la Puerta de las ovejas, que da acceso a Dios (10:7, 9); (4) el Buen Pastor, que protege del peligro (10:11, 14); (5) la Resurrección y la Vida, que vence a nuestra propia muerte (11:25); (6) el Camino, la Verdad y la Vida, que guía a la intimidad con el Padre (14:6); (7) la Vid verdadera, que nos fortalece para que demos fruto (15:1, 5). En un momento culminante, Tomás adora a Jesús, llamándolo "Señor mío y Dios mío" (20:28). Entonces Jesús pronuncia una bendición sobre todos aquellos que compartan la fe de Tomás y Juan exhorta a sus lectores a unírseles (20:29-31).

Pablo cita algo que parece ser un himno dedicado a proclamar la divinidad personal de Jesús (Fil. 2:6); afirma que "en él habita corporalmente toda la plenitud de la Deidad" (Col. 2:9; cp. 1:19); aclama a Jesús, el Hijo, como la imagen del Padre, además de ser agente suyo en la creación y el que lo sostiene todo (Col. 1:15-17); declara que es "Señor" (un título de realeza con matices de divinidad), al que se debe orar para pedir salvación, según el requisito de clamar a Jehová que aparece en Joel 2:32 (Ro. 10:9-13); lo llama "Dios sobre todas las cosas" (Ro. 9:5), así como "Dios y Salvador" (Tit. 2:13); y dirige su oración a Él de forma personal (2 Co. 12:8-9) y lo considera como fuente de la gracia divina (2 Co. 13:14). El testimonio es explícito: la fe en la deidad de Jesús es fundamental dentro de la teología y la religión de Pablo.

El escritor de Hebreos, al proponerse hacer una exposición sobre la perfección del sumo sacerdocio de Cristo, comienza haciendo una declaración sobre la deidad plena del Hijo de Dios y, por consiguiente, su dignidad exclusiva (He. 1:3, 6, 8-12), para celebrar después su humanidad plena en el capítulo 2. La perfección, e incluso la posibilidad misma del sumo sacerdocio cuyo cumplimiento por Cristo él describe, dependen de la conjunción de una vida divina inagotable y sin final con una experiencia humana plena en cuanto a las tentaciones, las presiones y el dolor (He. 2:14-17; 4:14–5:2; 7:13-28; 12:2-3).

No es menos significativo el uso que hace Pedro de Isaías 8:12-13 (1 P. 3:14). Cita la versión griega (la Septuaginta) y exhorta a las iglesias a no temer lo que temen los demás, sino a santificar al Señor. Ahora bien, donde el texto de Isaías dice en la Septuaginta: "Santificad a Dios el Señor", Pedro escribe: "santificad a Cristo como Señor" (1 P. 3:15, LBLA). Pedro estaba dispuesto a dar a Jesús de Nazaret, su Maestro y Señor, el temor y la adoración debidas al Todopoderoso.

El Nuevo Testamento prohíbe adorar a los ángeles (Col. 2:18; Ap. 22:8-9); en cambio, ordena que se adore a Jesús y se centra continuamente en el Salvador y Señor divino y humano como el objeto adecuado de la fe, la esperanza y el amor aquí y ahora. La religión sin estos énfasis no es cristianismo. No nos equivoquemos al respecto.

LAS DOS NATURALEZAS DE JESÚS

Jesucristo es totalmente humano

Porque muchos engañadores han salido por el mundo, que no confiesan que Jesucristo ha venido en carne. Quien esto hace es el engañador y el anticristo.

2 JUAN 7

Jesús fue un hombre que convenció a los que se hallaban más cercanos a Él de que también era Dios; por consiguiente, su humanidad no está en tela de juicio. La condenación de Juan contra quienes negaran que "Jesucristo ha venido en carne" (1 Jn. 4:2-3; 2 Jn. 7) iba dirigida a los docetistas, que reemplazaban la encarnación con la idea de que Jesús era un visitante sobrenatural (no Dios) que parecía humano, pero que, en realidad, era una especie de fantasma, un maestro que no había muerto realmente por los pecados.

Los Evangelios describen cómo Jesús experimentó limitaciones humanas (hambre, Mt. 4:2; agotamiento, Jn. 4:6; ignorancia de algún hecho, Lc. 8:45-47) y dolores humanos (llora ante la tumba de Lázaro, Jn. 11:35, 38; pasa por la agonía de Getsemaní, Mr. 14:32-42; cp. Lc. 12:50; He. 5:7-10 y sufre en la cruz). La Epístola a los Hebreos señala que, si no hubiera experimentado las debilidades humanas (debilidad, tentación, dolor), no habría reunido los requisitos necesarios para ayudarnos a pasar por estas mismas cosas (He. 2:17-18; 4:15-16; 5:2, 7-9). En este sentido, su experiencia humana es tal que garantiza que, en todos los momentos de exigencias y presiones dentro de nuestras relaciones y nuestro caminar con Dios, podemos acudir a Él, seguros de que, de algún modo, ya ha pasado por ello antes que nosotros y, por consiguiente, nos puede dar la ayuda que necesitamos.

Los cristianos, al centrarse en la deidad de Jesús, algunas veces han pensado que minimizar su humanidad lo honra. La herejía temprana del monofisismo (la idea de que Jesús solo tenía una naturaleza) expresaba esta suposición, como lo hacen las sugerencias modernas de que Él solo fingía ignorar los hechos (en la suposición de que siempre ejerció su omnisciencia y, por consiguiente, estaba consciente de todo) y que también fingía tener hambre o cansancio (en la suposición de que su divinidad le daba todo el tiempo una energía sobrenatural a su humanidad, alzándola por encima de las exigencias de la existencia común y corriente). No obstante, lo que significa la encarnación es que, en toda circunstancia, el Hijo de Dios vivió su vida divina y humana en su mente y cuerpo humanos y por medio de ellos, lo que elevó al máximo su identificación y empatía con aquellos a quienes había venido a salvar; de la misma manera, significa que únicamente echó mano de los recursos divinos que trascendían los límites del conocimiento y la energía humanos cuando así lo dictaban las exigencias específicas de la voluntad del Padre.

La idea de que las dos naturalezas de Jesús eran algo así como circuitos eléctricos que se alternaban entre sí, de manera que a veces actuaba en su humanidad y a veces en su divinidad, también es errónea. Todo cuanto hizo y soportó, incluso sus sufrimientos en la cruz, lo hizo en la unidad de su persona divina y humana (esto es, como el Hijo de Dios que había tomado para sí todos los poderes humanos para actuar, reaccionar y experimentar, en su forma no caída). Decir esto no equivale a contradecir la impasibilidad divina, puesto que la impasibilidad no significa que Dios nunca experimente dolor, sino que, lo que Él experimenta, incluso el dolor, lo experimenta por voluntad propia y debido a una decisión propia que ha dispuesto de antemano.

Jesús, al ser divino, era impecable (no podía pecar), pero esto no significa que no pudiera ser tentado. Satanás lo tentó para que desobedeciera al Padre por medio de satisfacer sus propios deseos, de exhibirse y de buscar su propia grandeza (Mt. 4:1-11), y la tentación de apartarse de la cruz fue algo constante (Lc. 22:28, donde la palabra griega traducida como "pruebas" se puede traducir también como "tentaciones"; Mt. 16:23; y la oración de Jesús en Getsemaní). Por ser humano, Jesús no pudo vencer ninguna tentación sin batallar, pero por ser divino, su naturaleza era hacer la voluntad de su Padre (Jn. 5:19, 30) y, por consiguiente, resistirse a la tentación y combatirla hasta vencerla. A partir de lo sucedido en Getsemaní, podemos deducir que, algunas veces, sus batallas fueron más agudas y dolorosas de lo que jamás conoceremos nosotros. El final feliz es que "en cuanto él mismo padeció siendo tentado, es poderoso para socorrer a los que son tentados" (He. 2:18).

EL NACIMIENTO VIRGINAL

El nacimiento de Jesucristo fue milagroso

Todo esto aconteció para que se cumpliese lo dicho por el Señor por medio del profeta, cuando dijo: He aquí, una virgen concebirá y dará a luz un hijo, y llamarás su nombre Emanuel, que traducido es: Dios con nosotros.

MATEO 1:22-23

Mateo 1:18-25 y Lucas 1:26-56; 2:4-7, dos relatos armoniosos y complementarios entre sí, aunque evidentemente independientes, se unen para testificar que el nacimiento de Jesús fue consecuencia de una concepción milagrosa. María quedó encinta debido a la acción creadora del Espíritu Santo, sin haber tenido relación sexual alguna (Mt. 1:20; Lc. 1:35).

La mayoría de los cristianos aceptaban sin vacilar el nacimiento virginal de Cristo, hasta que la teología liberal se dedicó a poner en tela de juicio los milagros en el siglo XIX. Entonces, se convirtió en parteaguas dentro del debate sobre el sobrenaturalismo cristiano y la deidad de Jesús. El liberalismo, en un intento por quitarle su aspecto sobrenatural a la fe y reinterpretar a Jesús como alguien que no era más que un maestro incomparablemente santo y profundo, rodeó el nacimiento virginal con un espíritu de escepticismo innecesario e irracional.

En realidad, el nacimiento virginal se engrana de manera armoniosa con el resto del mensaje neotestamentario acerca de Jesús. Él mismo obró milagros y se levantó milagrosamente de entre los muertos; es decir, que no constituye ningún problema nuevo afirmar que entró en este mundo de una forma también milagrosa. Se marchó del mundo de manera sobrenatural, por medio de su resurrección y su ascensión, por lo que era totalmente adecuado que hubiera llegado a este de forma sobrenatural. El énfasis en la dignidad y la gloria del Jesús preencarnado (Jn. 1:1-9; 17:5; 2 Co. 8:9; Fil. 2:5-11; Col. 1:15-17; He. 1:1-3; 1 Jn. 1:1) hacía más natural que ninguna otra alternativa, este modo de entrar en la vida encarnada que comprendiera la proclamación del glorioso papel que Él había venido a cumplir (Mt. 1:21-23; Lc. 1:31-35).

Vale la pena tener en cuenta que Mateo y Lucas se muestran mucho más interesados en el cumplimiento del propósito redentor de Dios que en la concepción virginal de Cristo como prodigio físico, arma apologética o dato que señalara hacia una cristología de dos naturalezas.

Aunque no podamos afirmar que una persona divina no habría podido entrar en este mundo de otra forma más que por medio del nacimiento virginal, lo cierto es que el nacimiento milagroso de Jesús apunta hacia su divinidad y también hacia la realidad del poder creador que actúa en nosotros cuando nacemos de nuevo (Jn. 1:13). Además, aunque no podemos afirmar que, de no haber utilizado el nacimiento virginal, Dios no habría podido producir un ser humano sin pecado, la humanidad de Jesús no tenía pecado alguno y las circunstancias que rodean a su nacimiento llaman la atención hacia el milagro que se produjo cuando María, una persona con pecado (Lc. 1:47), dio a luz a alguien que no estaba "en Adán" como ella y, por consiguiente, no necesitaba un Salvador, como lo necesitaba ella. En lugar de esto, Jesús estaba destinado, por la perfección mantenida de su impecable naturaleza humana, a convertirse en el sacrificio perfecto por los pecados humanos y, de esta forma, ser el Salvador de su propia madre y del resto de la iglesia junto con ella.

EL MAESTRO

*Jesucristo proclamó el reino
y la familia de Dios*

Y cuando terminó Jesús estas palabras, la gente se admiraba de
su doctrina; porque les enseñaba como quien tiene autoridad,
y no como los escribas.

MATEO 7:28-29

Jesús era el Hijo de Dios encarnado y sus enseñanzas, que provienen del Padre (Jn. 7:16-18; 12:49-50), permanecerán para siempre (Mr. 13:31) para juzgar al final a sus oyentes (Jn. 12:48; Mt. 7:24-27). Por lo tanto, nunca estimaremos lo suficiente la importancia que tiene prestar atención a esas enseñanzas. Él enseñaba como lo solían hacer los rabinos judíos, en fragmentos e ideas, más que en largos discursos, y muchas de sus enseñanzas más vitales se hallan contenidas en parábolas, proverbios y declaraciones aisladas en respuesta a preguntas y como reacción ante situaciones determinadas.

Toda su enseñanza pública estuvo marcada por una autoridad que causaba asombro (Mt. 7:28-29; Mr. 1:27; Jn. 7:46), pero parte de ella fue presentada en forma de enigmas, lo que exigía pensar y tener comprensión espiritual ("oídos", Mt. 11:15; 13:9, 43; Lc. 14:35), de manera que confundía a los perezosos y superficiales. La razón que tenía Jesús para dejar caer solo oscuras insinuaciones sobre, por ejemplo, su papel mesiánico, la expiación, la resurrección y el reino futuro era doble: en primer lugar, de todas maneras, solo los acontecimientos podrían aclarar estas cosas; en segundo lugar, lo que le interesaba a Jesús era llamar a las personas al discipulado por medio de la huella personal que Él causara en ellas para, entonces, darles enseñanza acerca de sí mismo dentro de esa relación, en lugar de ofrecerles una instrucción teológica detallada a los que no estaban comprometidos. A pesar de todo, las declaraciones de Jesús suelen ser claras, y la mejor manera de leer muchas de las presentaciones más amplias que hay en las epístolas consiste en considerarlas como notas dedicadas a explicar lo que Jesús dijo.

Las enseñanzas de Jesús tenían tres puntos de referencia continuos. El primero era su Padre divino, que lo había enviado y lo estaba dirigiendo (Mt. 11:25-27; 16:13-17, 27; 21:37; 26:29, 53; Lc. 2:49; 22:29; Jn. 3:35; 5:18-23, 26-27, 36-37; 8:26-29; 10:25-30, 36-38) y con quien sus discípulos deben aprender a relacionarse como su Padre en los cielos (Mt. 5:43–6:14, 25-33; 7:11). El segundo eran los seres humanos, tanto uno a uno, como en conjunto, en su condición de seres perdidos (Mt. 9:36; Mr. 10:21), a quienes iban dirigidas sus numerosas y variadas exhortaciones al arrepentimiento y a la nueva vida (Mt. 4:17; 11:20-24; Mr. 1:15; Lc. 5:32; 13:3-5; 15:7; 24:47). El tercero era Él mismo, como Hijo del Hombre, uno de sus títulos mesiánicos (Mt. 16:13-16). "Uno como un hijo de hombre" toma el reino en Daniel 7:13-14. En cuanto al uso que el propio Jesús hace de este título, ver Marcos 8:38; 13:26; 14:62 (donde se hace eco de Daniel); Mateo 12:40; Marcos 8:31; 9:31; 10:33, 45; 14:21, 41; Lucas 18:31-33 (donde predice su muerte y resurrección); y Juan 3:13-15; 6:27 (donde proclama su ministerio salvador).

Tres temas teológicos toman forma a partir del testimonio de Jesús con respecto a su Padre, a la necesidad de los seres humanos y a su propio papel:

1. *El reino de Dios*. Esta es una realidad relacional que vino con Jesús como cumplimiento del plan de Dios para la historia, de la que los profetas del Antiguo Testamento habían hablado constantemente (Is. 2:1-4; 9:6-7; 11:1–12:6; 42:1-9; 49:1-7; Jer. 23:5-6). El reino está presente con Jesús; sus milagros son señales de ello (Mt. 11:12; 12:28; Lc. 16:16; 17:20-21).

El reino se vuelve real y decisivo en la vida de una persona, cuando esta se somete en fe al señorío de Cristo, una consagración trascendental que trae consigo salvación y vida eterna (Mr. 10:17-27; Jn. 5:24). El reino será predicado y crecerá (Mt. 24:14; 13:31-33) hasta que el Hijo del hombre, que reina ahora en el cielo, vuelva a aparecer para juicio y, en el caso de sus siervos fieles, para gozo (Mt. 13:24-43, 47-50).

2. *La obra salvadora de Jesús.* Jesús descendió de los cielos en cumplimiento de la voluntad del Padre a fin de llevar a la gloria a los pecadores escogidos. Jesús murió por ellos, los llama y atrae a sí mismo, perdona sus pecados y los protege hasta el día de su resurrección, glorificación e ingreso a la felicidad celestial (Lc. 5:20, 23; 7:48; Jn. 6:37-40, 44-45; 10:14-18, 27-29; 12:32; 17:1-26).

3. *La ética de la familia de Dios.* La vida nueva, que les llega a los pecadores como un don de la gracia de Dios, se debe expresar en una nueva forma de vivir. Los que viven por gracia deben practicar la gratitud; los que han sido grandemente amados deben mostrar gran amor hacia los demás; los que viven porque han sido perdonados deben perdonar ellos también; los que conocen a Dios como su amoroso Padre celestial deben aceptar sus providencias sin amarguras y darle honra en todo momento al confiar en su cuidado protector. En resumen, los hijos de Dios deben ser como su Padre y su Salvador, lo que significa ser totalmente distintos al mundo (Mt. 5:43-48; 6:12-15; 18:21-35; 20:26-28; 22:35-40).

LA IMPECABILIDAD
DE JESÚS

Jesucristo fue totalmente libre de pecado

El cual no hizo pecado, ni se halló engaño en su boca.

1 Pedro 2:22

El Nuevo Testamento insiste en que Jesús estaba totalmente libre de pecado (Jn. 8:46; 2 Co. 5:21; He. 4:15; 7:26; 1 P. 2:22; 1 Jn. 3:5). Esto significa no solo que nunca desobedeció a su Padre, sino también que amaba la ley de Dios y encontraba un profundo gozo en guardarla. En los seres humanos caídos, siempre hay cierta resistencia ante la obediencia a Dios y, algunas veces, hay un resentimiento que llega hasta el odio ante las demandas que Él nos hace (Ro. 8:7). En cambio, la naturaleza moral de Jesús no era caída, como la de Adán antes de su pecado, y en Jesús no había ninguna inclinación previa que lo alejara de Dios para que Satanás pudiera aprovecharse de ella, como la hay en nosotros. Jesús amaba a su Padre y la voluntad de su Padre, con todo su corazón, mente, alma y fuerzas.

Hebreos 4:15 dice que Jesús fue "tentado en todo según nuestra semejanza, pero sin pecado". Esto significa que todo tipo de tentación a la que nosotros nos enfrentamos (tentaciones a satisfacer de manera incorrecta los apetitos naturales del cuerpo y del alma, a evadir las cuestiones morales y espirituales, a buscar atajos morales y encontrar salidas fáciles, a ser menos que plenamente amorosos, comprensivos y creativamente bondadosos con los demás, a dedicarnos a protegernos y compadecernos a nosotros mismos, y así sucesivamente) también cayó sobre Él, aunque nunca cedió. La abrumadora oposición nunca lo dominó y, en la agonía del huerto de Getsemaní y de la cruz, luchó contra la tentación y se resistió al pecado hasta el punto de quedar derramada su sangre. Los cristianos deben aprender de Él a hacer lo mismo (Lc. 14:25-33; He. 12:3-13).

La impecabilidad de Jesús era necesaria para nuestra salvación. De no haber sido Él "un cordero sin mancha ni defecto", su sangre no habría sido "preciosa" (1 P. 1:19). Él mismo habría necesitado un salvador y su muerte no nos habría redimido. Su obediencia activa (conformidad perfecta durante toda la vida a la ley de Dios para la humanidad y a su voluntad revelada con respecto al Mesías) le hacía reunir los requisitos necesarios para convertirse en Salvador nuestro al morir por nosotros en la cruz. Su obediencia pasiva (al soportar el castigo por el quebrantamiento de la ley de Dios, en su condición de sustituto nuestro sin pecado) coronó su obediencia activa para asegurar el perdón y la aceptación a los que pusieran su fe en Él (Ro. 5:18-19; 2 Co. 5:18-21; Fil. 2:8; He. 10:5-10).

LA OBEDIENCIA DE JESÚS

Jesucristo cumplió con la voluntad redentora de su Padre

Respondió entonces Jesús, y les dijo: De cierto, de cierto os digo: No puede el Hijo hacer nada por sí mismo, sino lo que ve hacer al Padre; porque todo lo que el Padre hace, también lo hace el Hijo igualmente.

JUAN 5:19

En las Escrituras, ser humilde no significa fingir que no valemos nada y rechazar posiciones de responsabilidad, sino más bien saber cuál es el lugar al que Dios nos ha destinado y mantenernos ahí. Ser humilde es cuestión de permanecer firme en lo que Dios ha dispuesto, tanto si significa el alto grado de visibilidad que significa ser líder (Moisés fue humilde en su condición de líder, Nm. 12:3), como la oscuridad que implica ser siervo. Cuando Jesús afirmó con toda franqueza que Él era "humilde de corazón" (Mt. 11:29), quiso decir que estaba siguiendo conscientemente el plan del Padre para su vida terrenal.

En esto, se estaba manteniendo en su lugar como segunda persona del Ser divino. Las tres personas de la Trinidad Santa son eternas y tienen existencia en sí mismas, comparten por igual todos los aspectos y atributos de la divinidad y actúan siempre juntas en una solidaridad cooperativa. Con todo, la pauta inalterable de esta colaboración es que la segunda persona y la tercera se identifican con los propósitos de la primera, de manera que el Hijo se convierte en el ejecutivo del Padre y el Espíritu actúa como el agente de ambos. Hacer la voluntad de su Padre constituye la naturaleza y el gozo del Hijo (Jn. 4:34).

Con respecto a la redención, algunas veces, a la voluntad del Padre para el Hijo se le llama el "pacto de redención", puesto que tiene la forma de un acuerdo entre dos partes sobre un programa y una promesa. La Confesión de Westminster resume este acuerdo (los propósitos del Padre, aceptados por el Hijo) de la siguiente forma:

> Agradó a Dios en su eterno propósito escoger y ordenar al Señor Jesús, su unigénito Hijo, para ser el Mediador entre Dios y el hombre, el Profeta, Sacerdote y Rey, la Cabeza y Salvador de su Iglesia, el Heredero de todas las cosas y Juez del mundo: a Quien, desde toda la eternidad, Dios le dio un pueblo para ser su simiente; y para que en el tiempo lo redimiera, llamara, justificara, santificara y glorificara (VIII.1).

(Respecto a las ideas y la redacción de esta declaración, ver Is. 53:10; Lc. 1:33; Jn. 17:6; Hch. 3:22; 17:31; Ro. 8:29-30; 1 Co. 1:30; Ef. 3:11; 5:23; 1 Ti. 2:5; He. 1:2; 5:5-6; 1 P. 1:20).

Estos propósitos del Padre para el Hijo tuvieron dos etapas. La primera etapa fue la humillación. El Hijo eterno se separó de su gloria y, por medio de la encarnación, se convirtió en un hombre pobre y un marginado religioso. Finalmente, mediante un juicio orquestado y una manipulación sin escrúpulos de la debilidad moral de Pilato, se convirtió en un criminal condenado a muerte, ajusticiado de una manera horrorosa como sustituto por el pecado de la humanidad (Fil. 2:6-8; 2 Co. 8:9; Gá. 3:13; 4:4-5).

La segunda etapa fue la exaltación. Cristo resucitó, ascendió, y ahora, por nombramiento de su Padre, gobierna como rey sobre el mundo y la iglesia (Fil. 2:9-11), envía al Espíritu Santo (Jn. 15:26; 16:7; Hch. 2:33) y aplica de esta forma a nosotros la redención que obtuvo al morir. Al atraer a sí a los que le han sido dados (Jn. 12:32), interceder por ellos (Jn. 17; Ro. 8:34; He. 7:25), guardarlos, guiarlos y cuidar de ellos como el pastor cuida de sus ovejas (Jn. 10:27-30), en la actualidad está llevando muchos hijos a la gloria (He. 2:10) según los planes del Padre y lo seguirá haciendo hasta que todos los elegidos por Dios hayan llegado al arrepentimiento y a la nueva vida (2 P. 3:9).

En todo esto, el Hijo obedece al Padre en verdadera humildad y vive en una subordinación natural, voluntaria y gozosa. Mientras tanto, se está cumpliendo de manera continua la meta del Padre de hacer que el Hijo sea adorado y glorificado en un plano de igualdad consigo mismo (Jn. 5:19-23).

LA VOCACIÓN DE JESÚS

*La misión de Jesucristo fue
revelada durante su bautismo*

Aconteció en aquellos días, que Jesús vino de Nazaret de Galilea, y fue bautizado por Juan en el Jordán. Y luego, cuando subía del agua, vio abrirse los cielos, y al Espíritu como paloma que descendía sobre él. Y vino una voz de los cielos que decía: Tú eres mi Hijo amado; en ti tengo complacencia.

Marcos 1:9-11

Existe una continuidad entre el bautismo de arrepentimiento de Juan (Mr. 1:4) y el bautismo trinitario instituido por Jesús (Mt. 28:19). Ambos eran símbolos de la purificación y tenían en vista la remisión de los pecados (Mr. 1:4; Hch. 2:38). Sin embargo, no eran idénticos y los que había bautizado Juan necesitaron también el bautismo cristiano (Hch. 19:5). El bautismo cristiano es una señal inaugural que apunta hacia una relación con el Cristo que ha venido (en Hch. 2:38; 10:48; 19:5 se le llama "bautismo en el nombre de Cristo"); el bautismo de Juan era un rito de preparación, que simbolizaba que la persona estaba lista para la llegada del Cristo y para su juicio (Mt. 3:7-12; Lc. 3:7-18; Hch. 19:4).

El bautismo de Juan fue una innovación radical. Con anterioridad, solo a los gentiles que se convertían al judaísmo se les había exigido que pasaran por un lavamiento simbólico. En cambio, ahora, por medio de Juan, Dios estaba ordenando a todos los judíos que simbolizaran su arrepentimiento al someterse a este lavamiento en público. La mayoría de los líderes judíos consideraba que esta exigencia de Juan era herética y ofensiva (Mt. 21:25-26).

Jesús insistió en que su primo Juan lo debía bautizar y se antepuso a las protestas de este (Mt. 3:13-15). En su papel de Mesías, "nacido bajo la ley" (Gá. 4:4), Jesús tenía que someterse a todas las exigencias hechas por Dios a Israel e identificarse con aquellos cuyos pecados Él había venido a llevar. Su bautismo proclamaba que había venido a tomar el lugar del pecador bajo el juicio penal de Dios. En este sentido, fue bautizado "para cumplir toda justicia" (Mt. 3:15; cp. Is. 53:11).

Su bautismo fue una manifestación de la Trinidad: el Padre habló desde los cielos y la paloma descendió, como señal de la unción del Espíritu. El significado de que la paloma haya descendido y permanecido sobre Él no es que Jesús no haya estado lleno del Espíritu anteriormente, sino que ahora se lo estaba marcando como el que llevaba el Espíritu y que ahora bautizaba en el Espíritu (Jn. 1:32-33), con lo que inauguraría la era del Espíritu que satisfaría las esperanzas de Israel (Lc. 4:1, 14, 18-21).

LA TRANSFIGURACIÓN DE JESÚS

Cómo fue revelada la gloria de Jesucristo

Seis días después, Jesús tomó a Pedro, a Jacobo y a Juan, y los llevó aparte solos a un monte alto; y se transfiguró delante de ellos. Y sus vestidos se volvieron resplandecientes, muy blancos, como la nieve, tanto que ningún lavador en la tierra los puede hacer tan blancos. Y les apareció Elías con Moisés, que hablaban con Jesús.

MARCOS 9:2-4

Recogida en tres de los Evangelios (Mt. 17:1-8; Mr. 9:2-8; Lc. 9:28-36) y evidentemente planeada por Jesús para que la presenciaran Pedro, Jacobo y Juan y, más tarde dieran testimonio de ella (Mt. 17:9; cp. Jn. 1:14; 2 P. 1:16-18), la transfiguración fue un acontecimiento significativo en la revelación de su deidad. La transformación del Señor divino y humano que tuvo lugar mientras este oraba (Lc. 9:29) fue, desde cierto punto de vista, un adelanto de las cosas por venir: una transición momentánea del encubrimiento de su gloria divina que marcó sus días sobre la tierra, a la revelación de esa gloria cuando Él regrese y lo veamos tal como Él es. También fue una transición de la humanidad, tal como es en nosotros ahora, a lo que será en el día de la resurrección (Fil. 3:20-21).

La brillante luz que resplandeció desde la persona de Jesús a través de sus vestidos, mientras se transformaba su rostro (Lc. 9:29) fue su gloria intrínseca como Hijo divino, "el resplandor de la gloria de Dios"

(He. 1:3). La voz que salió de la nube confirmó la identificación que la visión ya había proporcionado.

La transfiguración fue también un acontecimiento significativo en la revelación del reino de Dios (es decir, el reino del Mesías, el Rey Salvador profetizado por Dios, en función del cual es definido el reino de Dios). Moisés y Elías representaban la ley y los profetas en su testimonio a favor de Jesús, por quien fueron superados. La "partida" (en griego, éxodos) de la cual hablaron con Él (Lc. 9:31) debe haber sido su muerte, resurrección y ascensión. No era solo una forma de dejar este mundo, sino también una forma de redimir a su pueblo, así como el éxodo de Egipto, dirigido por Moisés, había redimido a Israel de la esclavitud.

Después de la transfiguración, Jesús veló su gloria y descendió del monte para seguir ministrando y, a su debido tiempo, sufrir por nuestra salvación. Este es el comentario que hace F. B. Meyer: "La puerta por la que habían entrado Moisés y Elías quedó abierta y, por ella, nuestro Señor habría podido regresar. Sin embargo, bajo esas circunstancias, nunca habría podido ser el Salvador de la humanidad. Él lo sabía y, por eso, afirmó el rostro hacia el Calvario".

LA RESURRECCIÓN DE JESÚS

Jesucristo fue levantado de entre los muertos

El primer día de la semana, muy de mañana, vinieron al sepulcro, trayendo las especias aromáticas que habían preparado, y algunas otras mujeres con ellas. Y hallaron removida la piedra del sepulcro; y entrando, no hallaron el cuerpo del Señor Jesús.

Lucas 24:1-3

La resurrección de Jesús, un acto divino en el que participaron las tres personas de la Trinidad (Jn. 10:17-18; Hch. 13:30-35; Ro. 1:4), no fue una simple resucitación del cuerpo físico destruido que fue bajado de la cruz para darle sepultura. En cambio, fue una transformación de la humanidad de Jesús que lo capacitó para aparecer, desaparecer y moverse sin ser visto de un lugar a otro (Lc. 24:31, 36). Fue la renovación creadora de su cuerpo original, el cuerpo que ahora es plenamente glorificado e inmortal (Fil. 3:21; He. 7:16, 24). El Hijo de Dios vive aún en el cielo en su cuerpo y por medio de este, y lo seguirá haciendo para siempre. En 1 Corintios 15:50-54, Pablo prevé que los cristianos que estén vivos sobre la tierra en el momento en que regrese Cristo serán sometidos a una transformación similar. Sin embargo, en 2 Corintios 5:1-5, el apóstol demuestra ser consciente de que los cristianos que mueran antes de la segunda venida serán "revestidos" con su cuerpo nuevo (la "habitación celestial"), en un acontecimiento diferente, en el momento en que el cuerpo viejo regrese al polvo o después (Gn. 3:19).

El cristianismo descansa sobre la certeza de la resurrección de Jesús como un acontecimiento real en un lugar y un momento determinados de la historia. Los cuatro Evangelios lo destacan y se centran en la tumba vacía y en las apariciones del resucitado; por su parte, el libro de los Hechos insiste en ella (Hch. 1:3; 2:24-35; 3:15; 4:10; 5:30-32; 13:33-37). Pablo consideraba la resurrección como una prueba inapelable de que el mensaje de Jesús como Juez y Salvador es cierto (Hch. 17:31; 1 Co. 15:1-11, 20).

La resurrección de Jesús manifestó su victoria sobre la muerte (Hch. 2:24; 1 Co. 15:54-57), reivindicó su justicia (Jn. 16:10) y señaló su identidad divina (Ro. 1:4). También condujo a su ascensión y coronación (Hch. 1:9-11; 2:34; Fil. 2:9-11; cp. Is. 53:10-12) y a su presente reinado en los cielos. Garantiza el perdón y la justificación presentes del creyente (Ro. 4:25; 1 Co. 15:17) y es la base de la vida de resurrección en Cristo para el creyente aquí y ahora (Jn. 11:25-26; Ro. 6; Ef. 1:18–2:10; Col. 2:9-15; 3:1-4).

LA ASCENSIÓN DE JESÚS

Jesucristo fue alzado a los cielos

Y aconteció que bendiciéndolos, se separó de ellos, y fue llevado arriba al cielo.

LUCAS 24:51

La ascensión de Jesús fue el acto mediante el cual su Padre lo apartó de la vista de sus discípulos para alzarlo (señal de exaltación) hasta una nube (señal de la presencia de Dios). No se trata de alguna forma de viaje espacial, sino de la segunda parte del regreso de Jesús de las profundidades de la muerte a las alturas de la gloria (la primera fue su resurrección). Jesús predijo su ascensión (Jn. 6:62; 14:2, 12; 16:5, 10, 17, 28; 17:5; 20:17) y Lucas la describió (Lc. 24:50-53; Hch. 1:6-11). Pablo la celebró y declaró el señorío consiguiente de Cristo (Ef. 1:20; 4:8-10; Fil. 2:9-11; 1 Ti. 3:16) y el escritor de Hebreos utilizó esta verdad para estimular a los de ánimo débil (He. 1:3; 4:14; 9:24). La verdad de que Jesucristo está sentado en su trono como amo del universo debería constituir un grandioso estímulo para todos los creyentes.

La ascensión, desde un punto de vista, fue la restauración de la gloria que tenía el Hijo antes de su encarnación; desde otro, fue la glorificación de la naturaleza humana de una manera como jamás había tenido lugar; y desde un tercero, fue el comienzo de un reinado que tampoco se había ejercido de esta forma anteriormente. La ascensión establece tres realidades:

1. *La supremacía personal de Cristo.* Jesús subió al lugar de poder, descrito como un trono situado a la diestra del Padre. Sentarse en un trono así, como lo solía hacer el Gran Visir de la corte persa, equivale a ocupar la posición de gobernante ejecutivo a nombre del monarca (Mt. 28:18; 1 Co. 15:27; Ef. 1:20-22; 1 P. 3:22).

2. *La omnipresencia espiritual de Cristo.* En el santuario de la Sion celestial (He. 9:24; 12:22-24), Jesús se halla accesible a todos cuanto lo invoquen (He. 4:14) y es poderoso para ayudarlos en cualquier lugar del mundo que se encuentren (He. 4:16; 7:25; 13:6-8).

3. *El ministerio celestial de Cristo.* El Señor reinante intercede por su pueblo (Ro. 8:34; He. 7:25). Aunque pedir cosas al Padre forma parte de la labor de intercesión (Jn. 14:16), la esencia de la intercesión de Cristo es la intervención a favor de nuestros intereses (desde su trono), más que la súplica por nosotros (como si su posición fuera solo de identificación con nosotros, pero sin categoría ni autoridad). En su soberanía, Él derrama en abundancia sobre nosotros los beneficios que sus sufrimientos obtuvieron a nuestro favor. "Él ruega [por nosotros] por medio de su presencia en el trono de su Padre" (B. F. Westcott). "La vida de nuestro Señor en el cielo es su oración" (H. B. Swete). Desde su trono, Jesús envía constantemente al Espíritu Santo para enriquecer a su pueblo (Jn. 16:7-14; Hch. 2:33) y prepararlo para servir (Ef. 4:8-12).

LA SESIÓN DE JESÚS

Jesucristo reina en los cielos

Habiendo efectuado la purificación de nuestros pecados por medio de sí mismo, se sentó a la diestra de la Majestad en las alturas.

Hebreos 1:3

Se suele hablar del papel presente de Cristo en la gloria como su "sesión celestial". La palabra *sesión* (del latín *sessio*) significa "sentado". El Nuevo Testamento puede describir la actividad celestial de Jesús diciendo que está de pie y listo para actuar (Hch. 7:56; Ap. 1:1-16; 14:1), que camina en medio de los suyos (Ap. 2:1) o que cabalga hacia la batalla (Ap. 19:11-16), pero suele más bien expresar su autoridad presente diciendo que está sentado a la derecha del Padre (no para descansar, sino para gobernar). No es una imagen de inactividad, sino de autoridad.

En el Salmo 110, Dios sienta al Mesías a su diestra como rey y sacerdote: como rey, para ver a todos sus enemigos bajo sus pies (v. 1) y como sacerdote, para servir a Dios y encauzar su gracia para siempre (v. 4). Aunque, en un sentido personal, el Mesías pueda estar fuera batallando (vv. 2-3, 5-7), en un sentido posicional, siempre está sentado a la derecha de Jehová. En Hechos 2:34-35, Hebreos 1:13 y 10:12, y Mateo 22:44, se aplica directamente esta descripción a Jesucristo, quien reina activamente desde su ascensión en el reino mediador de Dios.

Cristo gobierna sobre todas las esferas de autoridad que existen, tanto angélicas como humanas (Mt. 28:18; 1 P. 3:22). Su reino en sentido directo es la iglesia, de la cual Él es cabeza mientras que ella es su cuerpo y a la cual gobierna por su Palabra y su Espíritu (Ef. 1:22-23). El estado no es la forma del reino de Dios, como sí lo fue en el Antiguo Testamento: no se ha de utilizar la espada para imponer el reino de Cristo (Jn. 18:36), sino que Él, desde su trono, usa la autoridad secular para mantener la paz y el orden civiles y ordena a sus discípulos que se sometan a sus normas (Mt. 22:21; Ro. 13:1-7). Para los cristianos es de gran consuelo saber que Cristo es Señor de todo; en todas las esferas de su vida buscan hacer su voluntad, además de recordarse a sí mismos y a otros que todos tendremos que responder ante Cristo como Juez: gobernantes y gobernados, esposos y esposas, padres e hijos, patrones y empleados. Al final, todos los seres racionales rendirán cuentas de sí mismos a Cristo en su condición de Juez (Mt. 25:31; Hch. 17:31; Ro. 2:16; 2 Co. 5:10).

La sesión de Cristo continuará hasta que todos los enemigos suyos y nuestros, incluyendo la muerte, sean reducidos a nada. La muerte, el último enemigo, cesará de ser cuando Cristo, al hacer su aparición, levante a los muertos para juicio (Jn. 5:28-29). Una vez que se haya realizado el juicio, la obra del reino mediador habrá terminado y Cristo hará entrega triunfal del reino al Padre (1 Co. 15:24-28).

LA MEDIACIÓN
DE JESÚS

*Jesucristo es el mediador entre
Dios y el hombre*

Porque hay un solo Dios, y un solo mediador entre Dios y los
hombres, Jesucristo hombre.

1 Timoteo 2:5

El ministerio salvador de Jesucristo se resume en la afirmación de
que Él es el "mediador entre Dios y los hombres" (1 Ti. 2:5). Un
mediador es un intermediario que reúne a las partes que no se hallan
en comunicación mutua y que pueden estar apartadas, alejadas y en
guerra entre sí. El mediador necesita tener relación con ambas partes
para poder identificarse con ellas, defender sus intereses y representar a
una ante la otra sobre una base de buena voluntad. Es así como Moisés
fue mediador entre Dios e Israel (Gá. 3:19), ya que habló a Israel en
nombre de Dios cuando Él le entregó la ley (Éx. 20:18-21) y habló a
Dios en nombre de Israel cuando este había pecado (Éx. 32:9–33:17).

Por naturaleza, todo aquel que sea miembro de nuestra raza caída y
rebelde está en "enemistad contra Dios" (Ro. 8:7) y se halla bajo su ira
(esto es, el rechazo punitivo por el cual Él expresa, en su condición de
Juez, una ira activa contra nuestros pecados, Ro. 1:18; 2:5-9; 3:5-6). Se
necesita una reconciliación entre ambas partes en guerra, pero esta solo
puede tener lugar si la ira de Dios queda de alguna manera absorbida y
apagada, y el corazón contrario a Dios que tiene el hombre y que motiva
su vida antagónica contra Él es transformado. En su misericordia, Dios,

el Juez airado, envió a su Hijo al mundo para efectuar la reconciliación que tanto se necesitaba. No se trata de que el Hijo en su bondad actuara para aplacar a su severo Padre; fue el Padre mismo quien tuvo la iniciativa. En palabras de Calvino, "de una manera inconcebible, nos amó aun cuando nos aborrecía" y el regalo de su Hijo para llevar nuestros pecados fue el fruto de ese amor (Jn. 3:14-16; Ro. 5:5-8; 1 Jn. 4:8-10). En todo su ministerio de mediación, el Hijo estaba cumpliendo con la voluntad de su Padre.

De manera objetiva, de una vez por todas, Cristo obtuvo para nosotros la reconciliación por medio de la sustitución penal. En la cruz, tomó nuestro lugar; por así decirlo, tomó nuestra identidad y cargó con nuestra maldición (Gá. 3:13); y, por el sacrificio en el que derramó su sangre, hizo las paces por nosotros (Ef. 2:16-17; Col. 1:20). Aquí, la palabra *paz* significa fin de las hostilidades, de la culpa y de la exposición al castigo retributivo que, de otra forma, habría sido inevitable. En otras palabras, perdón por todo el pasado y aceptación personal permanente para el futuro. Los que han recibido la reconciliación por medio de la fe en Cristo están justificados y tienen paz con Dios (Ro. 5:1, 10). La obra actual de mediador, que lleva a cabo por medio de mensajeros humanos, consiste en persuadir a aquellos para los que Él consiguió la reconciliación a recibirla realmente (Jn. 12:32; Ro. 15:18; 2 Co. 5:18-21; Ef. 2:17).

Jesús es "el mediador de un nuevo pacto" (He. 9:15; 12:24); esto es, el iniciador de una nueva relación de paz consciente con Dios que va más allá de cuanto pudieron conseguir jamás los arreglos menos eficaces del Antiguo Testamento para tratar la culpa por el pecado (He. 9:11–10:18).

Una de las grandes contribuciones de Calvino a la comprensión cristiana fue su observación de que los escritores del Nuevo Testamento exponen el ministerio mediador de Jesús en función de su triple oficio (tarea encomendada o papel definido) como profeta, sacerdote y rey.

Los tres aspectos de la obra de Cristo aparecen juntos en la Epístola a los Hebreos, en la que Jesús es el rey mesiánico, exaltado a su trono (1:3, 13; 4:16; 2:9), y también el gran Sumo Sacerdote (2:17;

4:14–5:10; caps. 7–10), que se ofreció a sí mismo a Dios como sacrificio por nuestros pecados. Además de esto, Cristo es el mensajero ("apóstol", enviado a anunciar, 3:1) que presentó por primera vez el mensaje del cual es Él mismo la sustancia básica (2:3). En Hechos 3:22 se le llama profeta a Jesús por la misma razón por la que Hebreos lo llama apóstol; esto es, porque instruyó al pueblo con la Palabra de Dios.

Mientras que, en el Antiguo Testamento, los papeles mediadores de profeta, sacerdote y rey eran desempeñados por personas distintas, ahora los tres oficios se reúnen en la persona de Jesús. La gloria de Jesús, que le ha dado el Padre, es ser de esta forma el Salvador plenamente suficiente. Los que creemos somos llamados a comprender esto y a demostrar que somos su pueblo al obedecerlo como nuestro rey, confiar en Él como sacerdote nuestro y aprender de Él como profeta y maestro nuestro. Centrarnos en Jesucristo de esta forma constituye la marca distintiva del auténtico cristianismo.

EL SACRIFICIO DE JESÚS

Jesucristo hizo expiación por el pecado

A quien Dios puso como propiciación por medio de la fe en su sangre.

ROMANOS 3:25

Expiar significa hacer reparación, borrar la ofensa y retribuir por el mal hecho; de esta manera, nos reconciliamos con la persona de la que nos hemos alejado y restauramos la relación interrumpida.

Las Escrituras afirman que todos los seres humanos necesitamos hacer expiación por nuestros pecados, pero que carecemos de todo poder y recursos para hacerlo. Hemos ofendido a nuestro santo Creador, en cuya naturaleza está odiar el pecado (Jer. 44:4; Hab. 1:13) y castigarlo (Sal. 5:4-6; Ro. 1:18; 2:5-9). No podemos esperar aceptación alguna por parte de un Dios así ni comunión ninguna con Él, a menos que se haga expiación por nosotros; sin embargo, puesto que hay pecado incluso en nuestras mejores acciones, todo cuanto hagamos con la esperanza de hacer reparación solo puede aumentar nuestra culpa o empeorar nuestra situación. Esto hace que sea una calamitosa necedad tratar de establecer nuestra propia justicia ante Dios (Job 15:14-16; Ro. 10:2-3); sencillamente, no es posible hacerlo.

Con todo, contra este fondo de desesperanza humana, las Escrituras presentan el amor, la gracia, la misericordia, la piedad, la bondad y la compasión de Dios, el Creador ofendido, que proporciona en sí mismo la expiación que nuestro pecado ha hecho necesaria. Esta maravillosa gracia es el centro focal de la fe, la esperanza, la adoración, la ética y la vida espiritual en el Nuevo Testamento; desde el Evangelio de Mateo hasta Apocalipsis, resplandece con gloria asombrosa.

Cuando Dios sacó a Israel de Egipto, estableció como parte de la relación del pacto un sistema de sacrificios que tenían en su centro el derramamiento y el ofrecimiento de la sangre de animales sin defecto, "para hacer expiación sobre el altar por vuestras almas" (Lv. 17:11). Estos sacrificios eran *típicos* (es decir, eran *tipos* que señalaban hacia otra realidad futura). Aunque, de hecho, los pecados solo eran "pasado[s] por alto" (Ro. 3:25) cuando se ofrecían con fidelidad los sacrificios, lo que los borró realmente no fue la sangre de los animales (He. 10:11), sino la sangre del *antitipo*, el Hijo de Dios sin pecado, Jesucristo, cuya muerte en la cruz expió todos los pecados que habían sido remitidos antes y los que fueron remitidos después (Ro. 3:25-26; 4:3-8; He. 9:11-15).

Las referencias del Nuevo Testamento a la sangre de Cristo suelen estar relacionadas con el sistema sacrificial (p. ej.: Ro. 3:25; 5:9; Ef. 1:7; Ap. 1:5). En su condición de sacrificio perfecto por el pecado (Ro. 8:3; Ef. 5:2; 1 P. 1:18-19), la muerte de Cristo fue nuestra redención (esto es, nuestra liberación mediante el pago de un rescate: el pago de un precio que nos liberó del peligro de la culpa, de la esclavitud al pecado y de la expectativa de la ira divina; Ro. 3:24; Gá. 4:4-5; Col. 1:14). La muerte de Cristo fue el acto de Dios destinado a reconciliarnos consigo mismo al vencer su propia hostilidad contra nosotros, provocada por nuestros pecados (Ro. 5:10; 2 Co. 5:18-19; Col. 1:20-22). La cruz hizo propiciación ante Dios (es decir, apagó su ira contra nosotros al expiar nuestros pecados y quitarlos así de su vista). Los textos clave aquí son Romanos 3:25; Hebreos 2:17; 1 Juan 2:2 y 4:10. En cada uno de estos, el griego expresa la propiciación de manera explícita. La cruz tuvo este efecto propiciatorio porque, en sus sufrimientos, Cristo asumió nuestra identidad, por así decirlo, y sufrió el juicio retributivo que merecíamos nosotros ("la maldición de la ley", Gá. 3:13) como sustituto nuestro, en nuestro lugar, con el registro condenatorio de nuestras transgresiones clavado por Dios a su cruz como declaración de los delitos por los cuales estaba muriendo (Col. 2:14; cp. Is. 53:4-6; Mt. 27:37; Lc. 22:37).

La muerte expiatoria de Cristo ratificó la inauguración del nuevo pacto, en el cual el acceso a Dios bajo toda circunstancia ha quedado garantizado por su sacrificio único, que cubre todas las transgresiones (Mt. 26:27-28; 1 Co. 11:25; He. 9:15; 10:12-18). Aquellos que, por medio de la fe en Cristo, han "recibido ahora la reconciliación" (Ro. 5:11) son hechos "justicia de Dios en él" (2 Co. 5:21). En otras palabras, son justificados y reciben la categoría de hijos adoptivos en la familia de Dios (Gá. 4:5). A partir de ese momento, viven bajo la fuerza motivante y el control del amor de Cristo por ellos, tal como ha sido dado a conocer y medido por la cruz (2 Co. 5:14).

LA REDENCIÓN DEFINIDA

Jesucristo murió por los elegidos de Dios

> Yo soy el buen pastor; y conozco mis ovejas, y las mías me
> conocen, así como el Padre me conoce, y yo conozco al Padre;
> y pongo mi vida por las ovejas.
>
> JUAN 10:14-15

La redención definida, que a veces recibe el nombre de "redención particular", "expiación eficaz" y "expiación limitada", es una doctrina reformada histórica sobre la intención del Dios trino en la muerte de Jesucristo. Sin dudar del valor infinito del sacrificio de Cristo, ni de que sea genuina la invitación de Dios al "que quiera" para que escuche el evangelio (Ap. 22:17), esta doctrina afirma que la muerte de Cristo en realidad eliminó los pecados de todos los elegidos de Dios y aseguró que fueran llevados a la fe por medio de la regeneración y mantenidos en la fe para la gloria; esta fue la intención de la muerte de Jesús. Su limitación procede de su definitud y efectividad: Cristo no murió en este sentido eficaz por todos. La prueba de esto, tal como las Escrituras y la experiencia nos enseñan, es que no todos son salvos.

Las únicas alternativas posibles son (1) un universalismo real, que sostenga que la muerte de Cristo garantizó la salvación a todos los miembros de la raza humana, pasados, presentes y futuros, o (2) un universalismo hipotético, que sostenga que la muerte de Cristo hizo posible la salvación para todos, pero que la hizo real solo para los que añadan a ella una respuesta de fe y de arrepentimiento que ella misma no asegura. Por consiguiente, las posibilidades son una expiación de eficacia ilimitada, pero extensión limitada (el particularismo reformado), una de extensión ilimitada, pero eficacia limitada (universalismo hipotético), o una de eficacia ilimitada y extensión también ilimitada (universalismo real). Las Escrituras deben guiarnos al escoger entre estas posibilidades.

Las Escrituras hablan de que Dios escogió para la salvación a un gran número de entre nuestra raza caída y envió a Cristo al mundo para salvarlos (Jn. 6:37-40; 10:27-29; 11:51-52; Ro. 8:28-39; Ef. 1:3-14; 1 P. 1:20). Se suele decir que Cristo murió por grupos o personas en particular, con la clara consecuencia de que su muerte aseguró su salvación (Jn. 10:15-18, 27-29; Ro. 5:8-10; 8:32; Gá. 2:20; 3:13-14; 4:4-5; 1 Jn. 4:9-10; Ap. 1:4-6; 5:9-10). Al enfrentarse a su pasión, Él solo oró por aquellos que el Padre le había dado y no por el "mundo" (es decir, el resto de la humanidad; Jn. 17:9, 20). ¿Se puede concebir que se negara a orar por alguien por quien tenía la intención de morir? La redención definida es el único de los tres puntos de vista que armoniza con estos datos.

No hay inconsecuencia ni incoherencia alguna en la enseñanza del Nuevo Testamento sobre lo que Cristo ofrece en el evangelio (y que los cristianos tienen el encargo de anunciar en todo lugar), por una parte y, por otra, el hecho de que Cristo lograra en la cruz una redención totalmente eficaz para los elegidos de Dios. Es una verdad segura que todos los que acudan a Cristo en fe hallarán misericordia (Jn. 6:35, 47-51, 54-57; Ro. 1:16; 10:8-13). Los elegidos escuchan el ofrecimiento de Cristo y, al hacerlo, son llamados de manera eficaz por el Espíritu Santo. Tanto la invitación como el llamado eficaz proceden de la muerte sustitutoria de Cristo. Los que rechazan el ofrecimiento de Cristo lo hacen por su propio libre albedrío (es decir, porque deciden hacerlo, Mt. 22:1-7; Jn. 3:18), de manera que cuando perecen al final, es por culpa suya. Los que reciben a Cristo aprenden a darle gracias por la cruz como el centro del plan divino de gracia soberana y salvadora.

TERCERA PARTE

DIOS REVELADO COMO SEÑOR DE LA GRACIA

EL PARACLETO

El Espíritu Santo ministra a los creyentes

Pero cuando venga el Espíritu de verdad, él os guiará a toda la verdad; porque no hablará por su propia cuenta, sino que hablará todo lo que oyere, y os hará saber las cosas que habrán de venir. Él me glorificará; porque tomará de lo mío, y os lo hará saber.

Juan 16:13-14

Antes de su pasión, Jesús prometió que el Padre y Él enviarían a sus discípulos "otro Consolador" (Jn. 14:16, 26; 15:26; 16:7). El Consolador o Paracleto, palabra que viene del vocablo griego *parákletos* (que significa "uno que apoya"), es un ayudador, consejero, fortalecedor, alentador, aliado y abogado defensor. La palabra *otro* señala que Jesús es el primer Consolador y que promete la llegada de alguien que lo reemplazará cuando Él se haya ido. Este continuará la enseñanza y el testimonio que Él ha comenzado (Jn. 16:6-7).

El ministerio del Paracleto, por su naturaleza misma, es un ministerio personal, relacional, lo que implica que quien lo lleva a cabo es un ser plenamente personal. Aunque el Antiguo Testamento habla mucho sobre la actividad del Espíritu en la creación (p. ej.: Gn. 1:2; Sal. 33:6), la revelación (p. ej.: Is. 61:1-6; Mi. 3:8), la capacitación para servir (p. ej.: Éx. 31:2-6; Jue. 6:34; 15:14-15; Is. 11:2) y la renovación interior (p. ej.: Sal. 51:10-12; Ez. 36:25-27), no aclara que el Espíritu fuera una persona divina distinta. En cambio, en el Nuevo Testamento, queda claro que el Espíritu es una persona realmente distinta del Padre, tanto como el Hijo. Esto es evidente, no solo a partir de la promesa de Jesús sobre "otro Consolador", sino también porque el Espíritu, entre otras cosas, habla (Hch. 1:16; 8:29; 10:19; 11:12; 13:2; 28:25), enseña (Jn. 14:26), testifica (Jn. 15:26), escudriña (1 Co. 2:11), decide (1 Co. 12:11), intercede (Ro. 8:26-27), se le puede mentir (Hch. 5:3) y contristar (Ef. 4:30). Solo se pueden decir cosas así al hablar de una persona.

La divinidad del Espíritu se manifiesta a partir de la declaración de que mentirle al Espíritu es mentirle a Dios (Hch. 5:3-4) y también a partir de la unión del Espíritu con el Padre y el Hijo en las bendiciones (2 Co. 13:14; Ap. 1:4-6) y en la fórmula del bautismo (Mt. 28:19). En Apocalipsis 1:4; 3:1; 4:5; 5:6 se le llama al Espíritu "los siete espíritus"; en parte, al parecer, porque el número *siete* significa perfección divina y también en parte, porque el Espíritu ministra en toda su plenitud.

Entonces, el Espíritu es "Él", no "ello", y se le debe obedecer, amar y adorar junto con el Padre y el Hijo.

El ministerio central del Paracleto consiste en testificar a favor de Jesucristo, glorificarlo al mostrar a sus discípulos quién es y qué es Él (Jn. 16:7-15) y hacerlos conscientes de lo que ellos son en Él (Ro. 8:15-17; Gá. 4:6). El Espíritu nos ilumina (Ef. 1:17-18), nos regenera (Jn. 3:5-8), nos lleva a la santidad (Ro. 8:14; Gá. 5:16-18), nos transforma (2 Co. 3:18; Gá. 5:22-23), nos da seguridad (Ro. 8:16) y nos hace aptos para el ministerio (1 Co. 12:4-11). Toda la obra de Dios en nosotros, en nuestro corazón, personalidad y conducta, la realiza el Espíritu, aunque algunos aspectos de ella se les atribuyan algunas veces al Padre y al Hijo, cuyo ejecutivo es el Espíritu.

El ministerio pleno del Espíritu como Paracleto comenzó en la mañana de Pentecostés, después de la ascensión de Jesús (Hch. 2:1-4). Juan el Bautista había predicho que Jesús bautizaría en el Espíritu (Mr. 1:8; Jn. 1:33), conforme a la promesa del Antiguo Testamento sobre un derramamiento del Espíritu de Dios en los últimos días (Jl. 2:28-32; cp. Jer. 31:31-34); también Jesús había repetido esta promesa (Hch. 1:4-5). La mañana de Pentecostés tuvo un significado doble: señaló el comienzo de la era final de la historia mundial antes del regreso de Cristo y, en comparación con la era del Antiguo Testamento, señaló una fuerte intensificación del ministerio del Espíritu y de la experiencia de vivir para Dios.

Es evidente que los discípulos de Jesús eran creyentes nacidos del Espíritu antes de Pentecostés; por tanto, su bautismo en el Espíritu, que llevó poder a su vida y ministerio (Hch. 1:8), no fue el comienzo de su experiencia espiritual. En cambio, para todos cuantos han llegado a la fe desde la mañana de Pentecostés, comenzando con los que se convirtieron en ese día, el hecho de recibir al Espíritu en la plenitud de bendición del nuevo pacto ha sido uno de los aspectos de su conversión y nuevo nacimiento (Hch. 2:38; Ro. 8:9; 1 Co. 12:13). Todas las capacidades para servir que aparecen posteriormente en la vida de un cristiano deberían ser consideradas como algo que fluye desde este bautismo inicial en el Espíritu, que une de manera vital al pecador con el Cristo resucitado.

LA SALVACIÓN

Jesús rescata a los suyos del pecado

Y en ningún otro hay salvación; porque no hay otro nombre
bajo el cielo, dado a los hombres, en que podamos ser salvos.

HECHOS 4:12

La salvación es el tema central del evangelio cristiano. *Salvación* es una palabra descriptiva de amplia aplicación, usada para expresar la idea de rescatar del peligro y la angustia a una situación de seguridad. El evangelio proclama que el Dios que salvó a Israel de Egipto, a Jonás del vientre del pez, al salmista de la muerte y a los soldados de ahogarse (Éx. 15:2; Jon. 2:9; Sal. 116:6; Hch. 27:31) es el mismo que salva del pecado y de sus consecuencias a todos los que confían en Cristo.

Así como estos sucesos terrenales liberadores fueron obra de Dios en su totalidad y no circunstancias en las que los humanos se salvaron a sí mismos con la ayuda divina, lo mismo sucede con la salvación con respecto al pecado y la muerte. "Porque por gracia sois salvos por medio de la fe; y esto no de vosotros, pues [ya sea la fe como tal, o la salvación unida a la fe] es don de Dios" (Ef. 2:8). "La salvación es de Jehová" (Jon. 2:9).

¿De qué son salvados los creyentes? De su posición anterior bajo la ira de Dios, del dominio del pecado y del poder de la muerte (Ro. 1:18; 3:9; 5:21); de su condición natural en la que son dominados por el mundo, la carne y el diablo (Jn. 8:23-24; Ro. 8:7-8; 1 Jn. 5:19); de los temores que crea una vida de pecado (Ro. 8:15; 2 Ti. 1:7; He. 2:14-15) y de los numerosos vicios que formaban parte de ella (Ef. 4:17-24; 1 Ts. 4:3-8; Tit. 2:11–3:6).

¿Cómo son salvados de estas cosas los creyentes? Por medio de Cristo y en Cristo. El Padre está tan interesado en exaltar al Hijo como en rescatar a los perdidos (Jn. 5:19-23; Fil. 2:9-11; Col. 1:15-18; He. 1:4-14) y es tan cierto decir que los elegidos fueron señalados para Cristo, el Hijo amado, como decir que Cristo fue señalado para los elegidos amados (Mt. 3:17; 17:5; Col. 1:13; 3:12; 1 P. 1:20; 1 Jn. 4:9-10).

Nuestra salvación comprende, en primer lugar, la muerte de Cristo por nosotros y, en segundo lugar, la vida de Cristo en nosotros (Jn. 15:4; 17:26; Col. 1:27) y nuestra propia vida en Cristo, unidos con Él en su muerte y vida de resurrección (Ro. 6:3-10; Col. 2:12, 20; 3:1). Esta unión vital, que es sostenida por el Espíritu desde el lado divino y por la fe desde nuestro lado y que se forma en el nuevo nacimiento y por medio de este, presupone una unión de pacto en el sentido de nuestra elección eterna en Cristo (Ef. 1:4-6). Jesús fue predestinado para ser nuestra cabeza representativa y el sustituto que lleva sobre sí nuestro pecado (1 P. 1:18-20; cp. Mt. 1:21), y nosotros fuimos escogidos para ser eficazmente llamados, conformados a su imagen y glorificados por el poder del Espíritu (Ro. 8:11, 29-30).

Los creyentes son salvados del pecado y de la muerte, pero ¿para qué han sido salvados? Para vivir en el tiempo y la eternidad en el amor a Dios (Padre, Hijo y Espíritu) y a sus prójimos. La fuente del amor a Dios es el conocimiento de su amor redentor por nosotros y la evidencia del amor a Dios es el amor al prójimo (1 Jn. 4:19-21). El propósito de Dios, tanto ahora como en la vida eterna, es seguir expresándonos su amor en Cristo y nuestra meta debe consistir en seguir expresando nuestro amor a las tres personas del Dios único, por medio de nuestra adoración y nuestro servicio en Cristo. La vida de amor y adoración es nuestra esperanza de gloria, nuestra salvación ahora y nuestra felicidad para siempre.

LA ELECCIÓN

Dios escoge a los suyos

> Pues [Dios] a Moisés dice: Tendré misericordia del que yo
> tenga misericordia, y me compadeceré del que yo me compa-
> dezca. Así que no depende del que quiere, ni del que corre, sino
> de Dios que tiene misericordia.
>
> ROMANOS 9:15-16

El verbo *elegir* significa "seleccionar o escoger". La doctrina bíblica de la elección afirma que, antes de la creación, Dios escogió de entre la raza humana, que Él preveía que caería, a aquellos a quienes redimiría, traería a la fe, justificaría y glorificaría en Jesucristo y por medio de Él (Ro. 8:28-39; Ef. 1:3-14; 2 Ts. 2:13-14; 2 Ti. 1:9-10). Esta selección divina es una expresión de gracia libre y soberana, porque no es forzada, condicional ni merecida por nada en los que son objetos de ella. Dios no debe a los pecadores misericordia alguna, sino solo condenación; por consiguiente, es maravilloso y motivo de alabanza sin fin que decidiera salvar a alguno de nosotros; doblemente, cuando su decisión incluyó entregarnos a su propio Hijo para sufrir y llevar sobre sí los pecados de los elegidos (Ro. 8:32).

La doctrina de la elección, como todas las verdades acerca de Dios, contiene misterio y, algunas veces, provoca controversias. Sin embargo, en las Escrituras, es una doctrina pastoral, presentada para ayudar a los cristianos a ver la grandeza de la gracia que los salva y moverlos como respuesta a la humildad, la confianza, el gozo, la alabanza, la fidelidad y la santidad. Es el secreto de familia de los hijos de Dios. No sabemos quién más Él ha escogido entre los que aún no creen, ni por qué le complació escogernos a nosotros en específico. Lo que sí sabemos es que, en primer lugar, si no nos hubiera escogido para la vida, ahora no seríamos creyentes (porque solo los creyentes son llevados a la fe); y, en segundo lugar, que por ser creyentes elegidos, podemos confiar en que Dios terminará en nosotros la buena obra que comenzó (1 Co. 1:8-9; Fil. 1:6; 1 Ts. 5:23-24; 2 Ti. 1:12; 4:18). Así pues, conocer nuestra propia elección nos proporciona consuelo y gozo.

Pedro nos dice que deberíamos "hacer firme [nuestra] vocación y elección" (2 P. 1:10); esto es, firme para nosotros. La elección se conoce por sus frutos. Pablo conoció la elección de los tesalonicenses por su fe, esperanza y amor; la transformación interna y externa de sus vidas que había producido el evangelio (1 Ts. 1:3-6). Cuanto más aparezcan en nuestra vida las cualidades sobre las que Pedro exhorta a sus lectores (virtud, conocimiento, dominio propio, perseverancia, piedad, fraternidad, amor: 2 P. 1:5-7), más seguros de nuestra propia elección tenemos derecho a estar.

Desde un punto de vista, los elegidos son un regalo del Padre al Hijo (Jn. 6:39; 10:29; 17:2, 24). Jesús testifica que Él ha venido a este mundo con la misión concreta de salvarlos (Jn. 6:37-40; 10:14-16, 26-29; 15:16; 17:6-26; Ef. 5:25-27) y todo relato sobre su misión debe destacar esto.

La decisión eterna de Dios con respecto a los pecadores que no ha escogido para la vida recibe el nombre de *reprobación*. Esencialmente, la decisión de Dios consiste en no transformarlos, puesto que los elegidos son los destinados a ser transformados, sino en dejar que pequen como ya desean hacerlo en su corazón y, en última instancia, juzgarlos como sus actos merecen.

Cuando Dios los entrega a sus pecados en ciertos casos específicos (es decir, quita todas las limitaciones para que realicen los actos de desobediencia que quieren realizar), esto es en sí mismo el comienzo del juicio. Esto recibe el nombre de "endurecimiento" (Ro. 9:18; 11:25; cp. Sal. 81:12; Ro. 1:24, 26, 28) y conduce de manera inevitable a una culpa mayor.

La reprobación es una realidad bíblica (Ro. 9:14-24; 1 P. 2:8), pero no debe incidir de manera directa en la conducta del cristiano. En lo que a los cristianos respecta, los réprobos son desconocidos y no debemos intentar identificarlos. Más bien debemos vivir a la luz de la certeza de que cualquiera puede ser salvo si tan solo se arrepiente y pone su fe en Cristo.

Debemos considerar a todas las personas con las que nos encontramos como aquellos que posiblemente se hallen entre el número de los elegidos.

EL LLAMADO EFICAZ

Dios atrae a los suyos hacia sí

> Dios os [ha] escogido desde el principio para salvación, mediante la santificación por el Espíritu y la fe en la verdad, a lo cual os llamó mediante nuestro evangelio, para alcanzar la gloria de nuestro Señor Jesucristo.
>
> 2 TESALONICENSES 2:13-14

Llamado eficaz (o *llamamiento eficaz*) es una expresión del siglo XVI que se convirtió en el título del capítulo diez en la Confesión de Westminster de 1647. El capítulo comienza de esta forma:

> A todos aquellos a quienes Dios ha predestinado para vida, y solamente a ellos, le agradó en su tiempo señalado y aceptado, llamarlos eficazmente, por medio de su Palabra y Espíritu, de aquel estado de pecado y muerte en el que están por naturaleza, al estado de gracia y salvación por medio de Jesucristo; iluminando sus mentes espiritual y salvíficamente para entender las cosas de Dios, quitándoles su corazón de piedra y dándoles uno de carne; renovando sus voluntades, y determinándoles a hacer lo que es bueno por su poder todopoderoso y acercándoles eficazmente hacia Jesucristo; de tal manera que vienen a él más libremente, pues por su gracia son hechos dispuestos.

El tema aquí es la multifacética realidad de la conversión cristiana, que comprende la iluminación, la regeneración, la fe y el arrepentimiento. Se la analiza como obra soberana de Dios, "eficazmente" realizada por el poder del Espíritu Santo. Este concepto corresponde al uso que hace Pablo del verbo *llamar* (que significa "llevar a la fe") y *llamados* (que significa "convertidos") en Romanos 1:6; 8:28, 30; 9:24; 1 Corintios 1:24, 26; 7:18, 21; Gálatas 1:15; Efesios 4:1, 4; y 2 Tesalonicenses 2:14. Este contrasta con la idea de una invitación simplemente externa e ineficaz, como la que se encuentra en Mateo 22:14.

El pecado original mantiene por naturaleza a todos los seres humanos muertos para Dios (incapaces de reaccionar); sin embargo, en el llamado eficaz, Dios revive a los muertos. Cuando se comunica el llamado externo de Dios a la fe en Cristo por medio de la lectura y la predicación de la Biblia y la explicación de su contenido, el Espíritu Santo ilumina y renueva el corazón de los pecadores elegidos, de manera que estos comprendan el evangelio y lo acepten como verdad procedente de Dios. Como resultado, Dios en Cristo se convierte para ellos en objeto de sus anhelos y afectos. Al ser ya regenerados y capaces de escoger a Dios y el bien mediante el uso de su voluntad liberada, se apartan de su pauta anterior de conducta para recibir a Jesucristo como Señor y Salvador y para comenzar una nueva vida con Él.

57

LA ILUMINACIÓN

El Espíritu Santo da comprensión espiritual

Pero el hombre natural no percibe las cosas que son del Espíritu
de Dios, porque para él son locura, y no las puede entender,
porque se han de discernir espiritualmente.

1 Corintios 2:14

El conocimiento de las cosas divinas al que son llamados los cristianos no es una simple familiaridad formal con las palabras bíblicas y las ideas cristianas. Es la comprensión de la realidad y relevancia que tienen las actividades del Dios trino sobre las que dan testimonio las Escrituras. Esta conciencia no es natural en nadie, por muy familiarizado que esté con las ideas cristianas (como "el hombre natural" de 1 Corintios 2:14, que no puede recibir lo que le dicen los cristianos, o los ciegos guías de ciegos de los que habla Jesús de manera tan cáustica en Mateo 15:14 o el mismo Pablo antes de que se encontrara con Cristo en el camino a Damasco). Solo el Espíritu Santo, que escudriña las cosas profundas de Dios (1 Co. 2:10), puede producir esta conciencia en nuestra mente y corazón, entenebrecidos por el pecado. Por esta razón se le llama "comprensión espiritual" (aquí, *espiritual* significa "dada por el Espíritu", Col. 1:9; cp. Lc. 24:25; 1 Jn. 5:20). Aquellos que, junto con una sólida instrucción verbal, "tienen la unción del Santo […] conocen todas las cosas" (1 Jn. 2:20).

La obra que realiza el Espíritu al impartir este conocimiento es llamada "iluminación" o esclarecimiento. No consiste en dar revelación nueva, sino en una obra dentro de nosotros que nos capacita para captar y amar la revelación que se halla ante nosotros en el texto bíblico que oímos, leemos o nos explican los maestros y escritores. El pecado que está en nuestro sistema mental y moral nos nubla la mente y la voluntad para que no descubramos el poder de las Escrituras y les ofrezcamos resistencia. Dios nos parece remoto, hasta el punto de ser irreal y, ante la verdad de Dios, nos sentimos embotados y apáticos. En cambio, el Espíritu abre y descubre nuestra mente y hace que nuestro corazón entre en sintonía para que comprendamos (Ef. 1:17-18; 3:18-19; 2 Co. 3:14-16; 4:6). Así como nos proporcionó las verdades de las Escrituras por medio de la inspiración, ahora por medio de la iluminación las interpreta para nosotros. De esta forma, vemos que la iluminación consiste en la aplicación de la verdad revelada por Dios a nuestro corazón, de modo que captemos como realidad para nosotros lo que nos presenta el texto sagrado.

La iluminación, que es un ministerio del Espíritu Santo a los cristianos durante toda su vida, comienza antes de la conversión con una comprensión creciente de las verdades sobre Jesús y un sentido también creciente de que esa verdad nos evalúa y revela lo que somos. Jesús dijo que el Espíritu "convencerá al mundo" del pecado de no creer en Él, del hecho de que Él era justo ante Dios Padre (como lo demuestra el que haya sido recibido de vuelta en los cielos) y de la realidad del juicio, tanto ahora como en el más allá (Jn. 16:8-11). Esta triple convicción sigue siendo el medio para hacer al pecado repulsivo y a Cristo, digno de adoración ante los ojos de personas que, con anterioridad, amaban el pecado y no tenían interés alguno en el Salvador divino.

Nos beneficiamos plenamente del ministerio de iluminación que tiene el Espíritu por medio del estudio serio de la Biblia, la oración seria y una respuesta seria de obediencia ante todas las verdades que Él nos haya mostrado. Esto corresponde con la máxima de Lutero sobre las tres cosas que hacen al teólogo: *oratio* (oración), *meditatio* (meditación en el texto ante la presencia de Dios) y *tentatio* (prueba, la lucha por la fidelidad bíblica ante las presiones para ignorar lo que dicen las Escrituras).

LA REGENERACIÓN

El cristiano nace de nuevo

Respondió Jesús y le dijo: De cierto, de cierto te digo, que el que no naciere de nuevo, no puede ver el reino de Dios.

JUAN 3:3

El concepto de regeneración pertenece al Nuevo Testamento y creció, según parece, de una frase descriptiva usada por Jesús, en forma de parábola, para mostrarle a Nicodemo lo interno y profundo que era el cambio por el que tenían que pasar, incluso los judíos religiosos, para poder llegar a ver el reino de Dios, entrar en él y tener así vida eterna (Jn. 3:3-15). Jesús describió este cambio como "nacer de nuevo".

Este concepto indica que Dios renueva el corazón, el núcleo mismo del ser de una persona, al implantar ahí un nuevo principio para sus deseos, propósitos y acciones: una dinámica de disposición que halla su expresión en una respuesta positiva al evangelio y a su Cristo. Cuando Jesús habla de nacer "de agua y del Espíritu" (Jn. 3:5), nos recuerda a Ezequiel 36:25-27, donde se describe a Dios purificando de manera simbólica a las personas, de la contaminación del pecado (por medio del agua) y otorgándoles un "nuevo corazón" al poner su Espíritu dentro de ellas. Puesto que esto es tan explícito, Jesús reprende a Nicodemo, "maestro de Israel", por no comprender cómo se produce el nuevo nacimiento (Jn. 3:9-10). Con todo esto, Jesús resalta que no existe ejercicio alguno de la fe en Él mismo como el Salvador sobrenatural, ni arrepentimiento ni verdadero discipulado, sin este nuevo nacimiento.

En otro lugar, Juan enseña que la creencia en la encarnación y la expiación, acompañada por fe y amor, santidad y justicia, son fruto y prueba de que hemos nacido de Dios (1 Jn. 2:29; 3:9; 4:7; 5:1, 4). De esta manera, llegamos a la conclusión de que, así como no hay conversión sin nuevo nacimiento, tampoco hay nuevo nacimiento sin conversión.

Aunque la regeneración de los infantes puede ser una realidad cuando Dios se lo propone (Lc. 1:15, 41-44), el contexto ordinario del nuevo nacimiento es un contexto de llamado eficaz; esto es, de confrontación con el evangelio e iluminación con respecto a su veracidad e importancia como mensaje de Dios para uno mismo. La regeneración es siempre el elemento decisivo en el llamado eficaz.

La relación es monérgica; es decir que es obra total y exclusiva de Dios Espíritu Santo. Levanta a los elegidos de entre los espiritualmente muertos y les da una vida nueva en Cristo (Ef. 2:1-10). Es una transición de la muerte espiritual a la vida espiritual; la fe activa, intencional y consciente en Cristo es su fruto inmediato, no su causa inmediata. La regeneración es la obra de lo que Agustín llamaba gracia "previeniente", la gracia que precede a la entrega de nuestro corazón a Dios.

LAS OBRAS

Las buenas obras son una expresión de la fe

Vosotros veis, pues, que el hombre es justificado por las obras,
y no solamente por la fe.

SANTIAGO 2:24

En el Nuevo Testamento, la fe (confianza que cree, o creencia confiada, basada en un testimonio que recibimos como venido de Dios) tiene una importancia fundamental, puesto que es el medio o causa instrumental de la salvación. Por la fe, los cristianos son justificados ante Dios (Ro. 3:26; 4:1-5; Gá. 2:16), viven la vida (literalmente, "andan", cp. 2 Co. 5:7) y sustentan su esperanza (He. 10:35–12:3).

No es posible definir la fe con términos subjetivos, como un estado mental de confianza o de optimismo, ni con términos pasivos, como la aceptación mental de la ortodoxia o una confianza en Dios sin consagración a Él. La fe es una respuesta orientada hacia un objeto que recibe su forma de aquello en lo que se confía; esto es, Dios mismo, las promesas de Dios y Jesucristo, tal como lo presentan las Escrituras. Además, la fe es una respuesta de toda el alma, que implica la mente, el corazón, la voluntad y los afectos. La teología reformada antigua analizaba la fe como *notitia* ("conocimiento"; esto es, familiarización con el contenido del evangelio), más *assensus* ("asentimiento"; esto es, reconocimiento de que el evangelio es veraz), más *fiducia* ("confianza y dependencia"; esto es, el fundamento personal en cuanto a la salvación en la gracia del Padre, el Hijo y el Espíritu, con un agradecido cese de todos nuestros intentos por salvarnos a nosotros mismos con base en nuestra propia justicia:

Ro. 4:5; 10:3). Sin *fiducia* no hay fe, pero sin *notitia* ni *assensus*, no puede haber *fiducia* (Ro. 10:14).

La fe como don de Dios es un fruto de iluminación aplicativa por parte del Espíritu Santo y de ordinario contiene en sí misma una cierta medida de seguridad consciente, mediante el testimonio del Espíritu (Ro. 8:15-17). Calvino definió la fe como "un conocimiento seguro y firme del favor divino hacia nosotros, fundado en la verdad de una promesa gratuita en Cristo y revelado a nuestra mente y sellado en nuestro corazón por el Espíritu Santo".

La justificación por obras (por cosas que hayamos hecho) es la herejía del legalismo. La justificación, tal como insistió Lutero, es por fe solamente ("fe sin las obras de la ley", Ro. 3:28), porque solo es en Cristo y por Cristo y depende en lo que Él es, en contraposición de lo que somos nosotros. Ahora bien, si las "buenas obras" (actividades con las que servimos a Dios y a los demás) no siguen a nuestra profesión de fe, aún estamos creyendo solo con la cabeza y no con el corazón: en otras palabras, la fe que justifica (*fiducia*) aún no es nuestra. Lo cierto es que, aunque somos justificados solo por fe, la fe que justifica nunca está sola, sino que produce fruto moral, se expresa a sí misma "por el amor" (Gá. 5:6), transforma nuestra manera de vivir y engendra virtud. Esto no se debe únicamente a que se nos ordene ser santos, sino también a que el corazón regenerado, que se expresa mediante la *fiducia,* anhela la santidad y solo puede hallar contentamiento pleno en su búsqueda.

Cuando Santiago dice que la fe sin obras es muerta (esto es, un cadáver), está usando la palabra *fe* en el sentido limitado de *notitia* más *assensus*, que es la forma en que la estaban usando los destinatarios de su epístola. Cuando dice que la persona es justificada por lo que hace y no por la fe solamente, "justificado" significa "demostrado que es genuino, reivindicado de la sospecha de que es un hipócrita y un fraude". Santiago está afirmando que la ortodoxia estéril no salva a nadie (Stg. 2:14-26). Pablo habría estado de acuerdo y toda la carta de Santiago demuestra que estaba de acuerdo con Pablo en que la fe debe transformar la vida de la persona. Pablo desacredita la idea de la salvación por medio de obras muertas; Santiago rechaza la salvación por medio de una fe muerta.

Aunque las obras del creyente no le hacen merecer la salvación y siempre tengan algo de imperfectas (Ro. 7:13-20; Gá. 5:17), en su carácter de expresiones de amor y fidelidad que exige la fe, son la base en la que se apoya Dios para prometer recompensas en los cielos (Fil. 3:12-14; 2 Ti. 4:7-8). La recompensa de Dios según nuestras obras es, como observó Agustín, la forma en que Él corona con gracia los dones de su propia generosidad.

EL ARREPENTIMIENTO

El cristiano cambia radicalmente

Anuncié [...] que se arrepintiesen y se convirtiesen a Dios, haciendo obras dignas de arrepentimiento.

Hechos 26:20

La palabra que utiliza el Nuevo Testamento para hablar de arrepentimiento significa que la manera de pensar cambia de tal forma que sus puntos de vista, valores, metas y formas de actuar son transformados, y la persona vive toda su vida de una manera distinta. El cambio es radical, tanto en lo exterior como en lo interior; mente y juicio, voluntad y afectos, conducta y estilo de vida, motivaciones y propósitos: todo está incluido. Arrepentirse significa comenzar una nueva vida.

El llamado al arrepentimiento fue la exigencia primaria y fundamental en la predicación de Juan el Bautista (Mt. 3:2), de Jesús (Mt. 4:17), de los doce (Mr. 6:12), de Pedro el día de Pentecostés (Hch. 2:38), de Pablo a los gentiles (Hch. 17:30; 26:20) y del Cristo glorificado a cinco de las siete iglesias de Asia (Ap. 2:5, 16, 22; 3:3, 19). Formó parte del resumen que hizo Jesús del evangelio que se habría de llevar a todo el mundo (Lc. 24:47). Corresponde a la exhortación constante que le hacen a Israel los profetas del Antiguo Testamento para regresar al Dios del que se han alejado (p. ej.: Jer. 23:22; 25:4-5; Zac. 1:3-6). Siempre se presenta el arrepentimiento como la senda que lleva a la remisión de los pecados y a la restauración del favor divino, mientras que la impenitencia es el camino hacia la destrucción (p. ej.: Lc. 13:1-8).

El arrepentimiento es fruto de la fe, que es a su vez fruto de la regeneración. No obstante, en la vida real, el arrepentimiento es inseparable de la fe, al ser el aspecto negativo (el positivo es la fe) de volver a Cristo como Señor y Salvador. La idea de que pueda haber fe salvadora sin arrepentimiento y de que alguien puede ser justificado al aceptar a Cristo como Salvador mientras lo rechaza como Señor es un engaño destructor. La fe verdadera reconoce a Cristo por lo que Él es en realidad: el rey que Dios ha nombrado sobre nosotros, así como el sacerdote que Dios nos ha dado. Además, la verdadera confianza en Él como Salvador se expresa también en la sumisión a Él como Señor. Rechazar esto equivale a buscar la justificación mediante una fe impenitente que, en resumidas cuentas, no es fe.

En el arrepentimiento, dice la Confesión de Westminster:

> un pecador, movido no solo por la visión y sentimiento del peligro, sino también por la inmundicia y odiosidad de sus pecados (ya que son contrarios a la naturaleza santa y justa de la ley de Dios) y al comprender la misericordia de Dios en Cristo para con los arrepentidos, se entristece a causa de sus pecados y los aborrece de tal modo que renuncia a todos ellos y se vuelve hacia Dios, proponiéndose y procurando caminar con Él en todos los caminos de sus mandamientos (XV.2).

Esta declaración destaca que el arrepentimiento incompleto, llamado a veces "atrición" (remordimiento, autorreproche y dolor por el pecado movidos por el temor al castigo, sin deseo ni resolución alguna en cuanto a dejar de pecar) es insuficiente. El arrepentimiento verdadero es la "contrición", tal como la ejemplifica David en el Salmo 51, que tiene en su centro un firme propósito de no pecar más, sino vivir a partir de ese momento una vida que demuestre que nuestro arrepentimiento es pleno y real (Lc. 3:8; Hch. 26:20). Arrepentirse de un vicio significa avanzar en sentido contrario para practicar las virtudes más directamente opuestas a él.

LA JUSTIFICACIÓN

La salvación es por gracia, por medio de la fe

Y que por la ley ninguno se justifica para con Dios, es evidente,
porque: El justo por la fe vivirá.

GÁLATAS 3:11

La doctrina de la justificación, el centro de la tormenta durante
la Reforma, fue una de las grandes preocupaciones del apóstol
Pablo. La consideraba el corazón del evangelio (Ro. 1:17; 3:21–5:21;
Gá. 2:15–5:1) y esta dio forma tanto a su mensaje (Hch. 13:38-39)
como a su devoción y su vida espiritual (2 Co. 5:13-21; Fil. 3:4-14).
Aunque hay otros escritores del Nuevo Testamento que afirman sustan-
cialmente la misma doctrina, los términos en los que los protestantes
la han proclamado y defendido durante casi cinco siglos son tomados
sobre todo de Pablo.

La justificación es un acto judicial de Dios por medio del cual perdona a los pecadores (las personas malvadas e impías, Ro. 3:9-24; 4:5),
al aceptarlos como justos y corregir de manera permanente su relación
con Él, de quien antes se hallaban alejados. Esta sentencia justificante
es el don divino de la justicia (Ro. 5:15-17), la concesión por parte de
Dios de un estatus de aceptación por causa de Jesús (2 Co. 5:21).

El juicio justificante de Dios parece extraño, puesto que declarar
justos a los pecadores daría la impresión de ser exactamente la acción
injusta por parte del juez, que la propia ley de Dios prohíbe (Dt. 25:1;
Pr. 17:15). No obstante, se trata, en realidad, de un juicio justo, puesto
que se basa en la justicia de Jesucristo, quien como "el postrer Adán"
(1 Co. 15:45), nuestra cabeza federal, obedeció la ley que nos ataba en

nombre nuestro y soportó la retribución que debíamos haber sufrido nosotros por nuestra impiedad; de esta forma (para usar un término técnico medieval), "mereció" nuestra justificación. Por consiguiente, somos justamente justificados, a partir de la justicia hecha (Ro. 3:25-26) y la justicia de Cristo que nos es atribuida (Ro. 5:18-19).

La decisión justificante de Dios es la proclamación en el presente del juicio final, en el que declarará dónde pasaremos la eternidad. Es el último juicio que se hará jamás sobre nuestro destino; Dios nunca lo revocará, por mucho que Satanás apele contra su veredicto (Zac. 3:1; Ro. 8:33-34; Ap. 12:10). Ser justificado es estar seguro para toda la eternidad (Ro. 5:1-5; 8:30).

El medio necesario o causa instrumental de la justificación es la fe personal en Jesucristo como Salvador crucificado y Señor resucitado (Ro. 4:23-25; 10:8-13). Esto se debe a que el mérito en el que se apoya nuestra justificación se halla totalmente en Cristo. Cuando nos entregamos a Jesús en fe, Él nos da su don de justicia, de tal manera que en el acto mismo de "apegarnos a Cristo", como lo expresaban los maestros reformados más antiguos, recibimos el perdón y la aceptación divinos que no podríamos obtener de ninguna otra forma (Gá. 2:15-16; 3:24).

La teología oficial católica romana incluye la santificación dentro de la definición de la justificación, lo que la convierte en un proceso más que un solo acontecimiento decisivo, y afirma que, mientras que la fe contribuye a que seamos aceptados por Dios, también contribuyen a ello nuestras obras satisfactorias y meritorias. Roma ve el bautismo, considerado como canal de la gracia santificante, como la causa instrumental primaria de la justificación. Por su parte, el sacramento de la penitencia, por medio del cual se logra un mérito congruente mediante las obras de satisfacción, es para ellos la causa restauradora complementaria cada vez que se pierde la gracia de la aceptación divina inicial a causa de un pecado mortal. Mérito congruente, a diferencia de mérito condigno, significa un mérito que es adecuado, aunque no absolutamente necesario, que Dios recompensa con un nuevo fluir de gracia santificante. Por consiguiente, según el punto de vista católico romano, los creyentes se salvan a sí mismos con la ayuda de la gracia que fluye de Cristo por medio del sistema sacramental de la iglesia y, en esta vida, de ordinario, no se puede tener sentido alguno de seguridad en cuanto a la gracia de Dios. Esta enseñanza se halla muy lejana de las enseñanzas de Pablo.

LA ADOPCIÓN

*Dios hace hijos suyos a los
que forman su pueblo*

Pero cuando vino el cumplimiento del tiempo, Dios envió a
su Hijo, nacido de mujer y nacido bajo la ley [...] a fin de que
recibiésemos la adopción de hijos.

GÁLATAS 4:4-5

Pablo enseña que el don de la justificación (esto es, la aceptación presente por parte de Dios como Juez del mundo) trae consigo el estatus de filiación por adopción (es decir, una intimidad permanente con Dios, como Padre celestial nuestro, Gá. 3:26; 4:4-7). En el mundo de Pablo, la adopción se solía realizar de ordinario a favor de varones adultos jóvenes de buena personalidad que se convertían en herederos y mantenían el nombre familiar de la persona rica que no había tenido hijos. En cambio, Pablo proclama aquí la misericordiosa adopción por parte de Dios de personajes de mala personalidad para convertirse en "herederos de Dios y coherederos con Cristo" (Ro. 8:17).

La justificación es la bendición fundamental y en ella se apoya la adopción; la adopción es la bendición suprema hacia la cual la justificación allana el camino. El estatus de adoptados pertenece a todos los que reciben a Cristo (Jn. 1:12). Este estatus de adoptados que poseen los creyentes significa que, en Cristo y por medio de Él, Dios los ama como ama a su Hijo unigénito y compartirá con ellos toda la gloria que le pertenece ahora a Cristo (Ro. 8:17, 38-39). Aquí y ahora, los creyentes se hallan bajo el cuidado y la disciplina paternales de Dios (Mt. 6:26; He. 12:5-11) y son dirigidos, en especial por Jesús, a vivir su vida entera a la luz del conocimiento de que Dios es su Padre en los cielos. Así deben dirigirse a Él al orar (Mt. 6:5-13), imitarlo (Mt. 5:44-48; 6:12, 14-15; 18:21-35; Ef. 4:32–5:2) y confiar en Él (Mt. 6:25-34), expresando de esta forma el instinto filial que el Espíritu Santo ha implantado en ellos (Ro. 8:15-17; Gá. 4:6).

La adopción y la regeneración se acompañan entre sí como dos aspectos de la salvación que Cristo proporciona (Jn. 1:12-13), pero se las debe distinguir. La adopción nos otorga una relación, mientras que la regeneración transforma nuestra naturaleza moral. Con todo, el vínculo es evidente; Dios quiere que sus hijos, a quienes ama, reflejen su personalidad, y actúa en consonancia con ese deseo.

LA SANTIFICACIÓN

El cristiano crece en la gracia

¿No sabéis que los injustos no heredarán el reino de Dios? [...]
Y esto erais algunos; mas ya habéis sido lavados, ya habéis sido
santificados, ya habéis sido justificados en el nombre del Señor
Jesús, y por el Espíritu de nuestro Dios.

1 Corintios 6:9, 11

La santificación, afirma el Catecismo Menor de Westminster (P. 35),
es "la obra de la libre gracia de Dios, por medio de la cual somos
renovados en la totalidad de nuestro ser según la imagen de Dios,
y somos capacitados más y más para morir al pecado y vivir para la
justicia". El concepto no consiste en que el pecado quede totalmente
erradicado (eso sería afirmar demasiado) ni solo contrarrestado (eso
sería afirmar demasiado poco), sino en que se produce un cambio de
personalidad de origen divino que nos libera de los hábitos de pecado
y forma en nosotros afectos, disposiciones y virtudes semejantes a las
de Cristo.

La santificación es una transformación constante dentro de una
consagración mantenida y engendra una justicia real dentro del marco
de la santidad relacional. La santificación relacional, el estado de hallarse
permanentemente apartado para Dios, fluye desde la cruz, donde
Dios nos compró y reclamó para sí por medio de Cristo (Hch. 20:28;
26:18; He. 10:10). La renovación moral, por medio de la cual somos
transformados de una manera creciente a partir de lo que éramos en el
pasado, fluye de la obra activa del Espíritu Santo que mora en nosotros (Ro. 8:13; 12:1-2; 1 Co. 6:11, 19-20; 2 Co. 3:18; Ef. 4:22-24;

1 Ts. 5:23; 2 Ts. 2:13; He. 13:20-21). Dios llama a sus hijos a la santidad y les otorga bondadosamente lo que ordena (1 Ts. 4:4; 5:23).

La regeneración es nacimiento; la santificación es crecimiento. En la regeneración, Dios imparte deseos que no existían antes: el deseo por Dios, por la santidad y por santificar y glorificar el nombre de Dios en este mundo; el deseo por orar, adorar, amar, servir, honrar y agradar a Dios; el deseo por manifestar amor a los demás y beneficiarlos. En la santificación, el Espíritu Santo "produce así el querer como el hacer" según el propósito de Dios; lo que hace es impulsarnos a ocuparnos en nuestra salvación (esto es, expresarla en acción) por medio del cumplimiento de estos nuevos deseos (Fil. 2:12-13). Los cristianos se van volviendo cada vez más semejantes a Cristo a medida que se forma el perfil moral de Jesús (el "fruto del Espíritu") en ellos de manera progresiva (2 Co. 3:18; Gá. 4:19; 5:22-25). El uso que hace Pablo de la palabra *gloria* en 2 Corintios 3:18 demuestra que, para él, la santificación de la persona es la glorificación ya comenzada. Así pues, el cumplimiento de la glorificación será la transformación física que nos dará un cuerpo como el de Cristo, un cuerpo que estará en consonancia con nuestra personalidad totalmente transformada y que se convertirá en un medio perfecto para expresarla (Fil. 3:20-21; 1 Co. 15:49-53).

La regeneración fue un acto monérgico de un momento, en el cual lo espiritualmente muerto recibió vida. Como tal, fue obra solo de Dios. En cambio, la santificación es en cierto sentido sinérgica: es un proceso constante de colaboración en el que se exige a las personas regeneradas, vivas para Dios y liberadas del dominio del pecado (Ro. 6:11, 14-18) que se ejerciten en una obediencia sostenida. El método de santificación usado por Dios no es ni el activismo (una actividad en dependencia de uno mismo) ni la apatía (una pasividad en dependencia de Dios), sino más bien un esfuerzo en dependencia de Dios (2 Co. 7:1; Fil. 3:10-14; He. 12:14). Ya que sabemos que, moralmente hablando, sin el poder de Cristo no podemos hacer nada de forma debida y que Él está dispuesto a fortalecernos para todo lo que debemos hacer (Fil. 4:13), permanecemos en Cristo, le pedimos su ayuda continuamente y la recibimos (Col. 1:11; 1 Ti. 1:12; 2 Ti. 1:7; 2:1).

La norma hacia la cual se dirige la obra de Dios en la santificación de sus santos es su propia ley moral revelada, de la cual el mismo Cristo fue expositor y ejemplo. El amor, la humildad y la paciencia de Cristo bajo presión deben ser imitados de manera consciente (Ef. 5:2; Fil. 2:5-11; 1 P. 2:21), puesto que un espíritu y una actitud semejantes a las de Cristo forman parte de lo que implica el cumplimiento de la ley.

Los creyentes encuentran dentro de ellos mismos impulsos contrarios. El Espíritu sustenta sus deseos y propósitos regenerados; sus instintos adámicos caídos (la "carne") que, aunque destronados, no han sido aún destruidos, tratan de apartarlos constantemente del cumplimiento de la voluntad divina y atraerlos hacia sendas que conducen a la muerte (Gá. 5:16-17; Stg. 1:14-15). A fin de aclarar la relación entre la ley y el pecado, Pablo analiza de una manera personal y dramática la sensación de impotencia para guardar la ley de forma completa y la esclavitud a una conducta indeseada. Esto es lo que provoca en nosotros la tensión entre el Espíritu y la carne (Ro. 7:14-25). Este conflicto y esta frustración permanecerán con el cristiano mientras se halle en su cuerpo. Con todo, a base de velar y orar contra la tentación y cultivar las virtudes opuestas, es posible, con la ayuda del Espíritu, "mortificar" (esto es, drenar la vida, debilitar como medio para matar) malos hábitos específicos y, en ese sentido, morir cada vez más al pecado (Ro. 8:13; Col. 3:5). El creyente experimentará numerosas liberaciones y victorias específicas en su interminable batalla contra el pecado; tampoco será expuesto jamás a tentaciones que le sea imposible resistir (1 Co. 10:13).

LA LIBERTAD

La salvación trae consigo libertad

Estad, pues, firmes en la libertad con que Cristo nos hizo libres,
y no estéis otra vez sujetos al yugo de esclavitud.

GÁLATAS 5:1

El Nuevo Testamento ve la salvación en Cristo como liberación y la vida cristiana, como una vida de libertad: Cristo nos ha hecho libres (Gá. 5:1; Jn. 8:32, 36). La acción liberadora de Cristo no es cuestión de mejoras sociales, políticas o económicas, como se sugiere hoy en ocasiones, sino que se relaciona con los tres puntos siguientes:

En primer lugar, los cristianos han sido liberados de la ley como sistema de salvación. Al haber sido justificados por la fe en Cristo, ya no se hallan bajo la ley de Dios, sino bajo su gracia (Ro. 3:19; 6:14-15; Gá. 3:23-25). Esto significa que su posición ante Dios (la "paz" y el "acceso" de Ro. 5:1-2) descansa por completo en su aceptación y adopción en Cristo. No depende ni dependerá jamás de lo que hagan ni estará en peligro por lo que dejen de hacer. Viven y, mientras estén en este mundo, vivirán, no por ser perfectos, sino por haber sido perdonados.

Por consiguiente, queda rechazada toda religión natural, puesto que el instinto natural del hombre caído, tal como se expresa en cualquier forma religiosa que el mundo haya ideado jamás, da por supuesto que se gana y se mantiene una relación correcta con la realidad máxima (ya sea que se la conciba como un Dios personal, o de otra forma) con base en disciplinas, como la observancia de leyes, los ritos adecuados y el ascetismo. Es así como los sistemas de creencias del mundo prescriben la forma de establecer nuestra propia justicia: lo mismo que veía Pablo que los judíos incrédulos trataban de hacer (Ro. 10:3). Su experiencia le había enseñado que aquello era una empresa inútil. Ninguna obra humana es suficientemente buena, puesto que siempre hay apetitos errados en el corazón, junto con la ausencia de buenos deseos, por muy correctas que sean las obras externas de la persona (Ro. 7:7-11; cp. Fil. 3:6), y sabemos que Dios mira primero el corazón.

Lo único que puede hacer la ley es despertar, revelar y condenar el pecado que impregna nuestra estructura moral y, de esta forma, hacernos conscientes de su realidad, profundidad y culpabilidad (Ro. 3:19; 1 Co. 15:56; Gá. 3:10). Así se hace evidente lo inútil que es tratar la ley como un pacto de obras y buscar la justicia por medio de ella (Gá. 3:10-12; 4:21-31). Igualmente evidente se hace la triste situación de no saber qué más hacer. Esta es la cadena de la ley, de la cual Cristo nos liberó.

En segundo lugar, los cristianos han sido liberados del dominio del pecado (Jn. 8:34-36; Ro. 6:14-23). Han sido regenerados de forma sobrenatural y viven para Dios por medio de la unión con Cristo en su muerte y vida resucitada (Ro. 6:3-11). Esto significa que el anhelo más profundo de su corazón es ahora servir a Dios por medio de la práctica de la justicia (Ro. 6:18, 22). El dominio del pecado no comprendía solo actos de desobediencia, sino también una continua falta de celo por el cumplimiento de la ley, que llegaba a veces a un verdadero resentimiento y odio hacia la ley. En cambio, ahora, transformados en su corazón, motivados por la gratitud ante su aceptación mediante la gracia y fortalecidos por el Espíritu Santo, sirven "bajo el régimen nuevo del Espíritu y no bajo el régimen viejo de la letra" (Ro. 7:6). Esto significa que sus intentos por obedecer son ahora gozosos e integrados de una forma totalmente nueva. El pecado ya no los gobierna más. También en este aspecto, han sido liberados de la esclavitud.

En tercer lugar, los cristianos han sido liberados de la superstición que trata a la materia y al placer físico como cosas intrínsecamente malas. Contra esta idea, Pablo insiste en que los cristianos estamos libres para disfrutar como buenos dones de Dios todas las cosas creadas y los placeres que estas proporcionan (1 Ti. 4:1-5), con la única condición de que no quebrantemos la ley moral en su disfrute ni obstaculicemos nuestro propio bienestar espiritual ni el de otros (1 Co. 6:12-13; 8:7-13). Los reformadores renovaron esta insistencia, en contra de diversas formas de legalismo medievales.

EL LEGALISMO

Trabajar por el favor divino nos quita el derecho a este

No hagáis conforme a sus obras, porque dicen, y no hacen. Porque atan cargas pesadas y difíciles de llevar, y las ponen sobre los hombros de los hombres; pero ellos ni con un dedo quieren moverlas. Antes, hacen todas sus obras para ser vistos por los hombres.

MATEO 23:3-5

El Nuevo Testamento considera la obediencia cristiana como la práctica de "buenas obras". Los cristianos deben ser "ricos en buenas obras" (1 Ti. 6:18; cp. Mt. 5:16; Ef. 2:10; 2 Ti. 3:17; Tit. 2:7, 14; 3:8, 14). Es buena obra toda aquella que es hecha (1) de acuerdo con la norma correcta (la voluntad revelada de Dios; esto es, su ley moral); (2) a partir de una motivación correcta (el amor a Dios y a los demás, que es señal distintiva de un corazón regenerado); y (3) con un propósito correcto (agradar y glorificar a Dios, honrar a Cristo, extender su reino y beneficiar a nuestro prójimo).

El legalismo es una distorsión de la obediencia, que nunca puede producir obras verdaderamente buenas. Su primer fallo es que desvía su motivo y propósito al considerar las buenas obras como formas esenciales de adquirir un favor divino mayor que el que se tiene en el momento. Su segundo fallo es la arrogancia. La creencia de que nuestras obras nos ganan el favor de Dios engendra desprecio por aquellos que no se esfuerzan de la misma forma. Su tercer fallo es la falta de amor, en el sentido de que su propósito de lograr nuestro propio adelanto expulsa del corazón la bondad humilde y la compasión creativa.

En el Nuevo Testamento, encontramos tanto el legalismo de los fariseos como el de los judaizantes. Los fariseos pensaban que su categoría como hijos de Abraham hacía posible que Dios se agradara en ellos y que la manera formal en que guardaban la ley a diario, hasta los detalles más mínimos, hacía real esta complacencia divina. Los judaizantes contemplaban el evangelismo entre los gentiles como una forma de proselitismo judío; creían que el gentil que creyera en Cristo debía convertirse en judío por medio de la circuncisión y la observancia del calendario de fiestas y las leyes rituales. De esta manera, obtendría un favor mayor ante Dios. Jesús atacó a los fariseos; Pablo, a los judaizantes.

Los fariseos eran formalistas y se centraban por completo en los aspectos externos de las acciones, sin que les preocuparan los motivos y los propósitos; de esta manera, reducían la vida a un cumplimiento mecánico de reglas. Se consideraban a sí mismos fieles cumplidores de la ley, aunque (1) se especializaban en minucias, mientras descuidaban lo más importante (Mt. 23:23-24); (2) su casuística anulaba el espíritu y la intención de la ley (Mt. 15:3-9; 23:16-24); (3) trataban las tradiciones como si formaran parte de la ley que Dios había autorizado, con lo que ataban la conciencia en aspectos en los que la ley la había dejado libre (Mr. 2:16–3:6; 7:1-8); y (4) eran hipócritas en su corazón y siempre buscaban la aprobación de los hombres (Mt. 6:1-8; 23:2-7; Lc. 20:45-47). Jesús los atacó duramente en estos puntos.

En la Epístola a los Gálatas, Pablo condena el mensaje de "Cristo más otras cosas", típico de los judaizantes, como algo que oscurecía y en realidad rechazaba el principio de la suficiencia total de la gracia revelada en Jesús (Gá. 3:1-3; 4:21; 5:2-6). En Colosenses, sostiene una polémica similar contra una fórmula parecida de "Cristo más otras cosas" para alcanzar la "plenitud" (es decir, la perfección espiritual: Col. 2:8-23). Todas aquellas "otras cosas" que nos exijan tomar acción para añadir algo a lo que Cristo nos ha dado constituyen una vuelta al legalismo y, en realidad, un insulto a Cristo.

Por consiguiente, lejos de enriquecer nuestra relación con Dios, como intenta hacerlo, el legalismo en todas sus formas hace lo diametralmente opuesto. Pone en peligro esa relación y, al hacer que dejemos de centrarnos en Cristo, nos mata de hambre el alma, al mismo tiempo que nos alimenta el orgullo. Debemos huir de la religión legalista en todas sus formas como si se tratara de una verdadera plaga.

EL ANTINOMIANISMO

No hemos sido liberados para pecar

Hijitos, nadie os engañe; el que hace justicia es justo, como Él
[Cristo] es justo.

1 Juan 3:7

*A*ntinomianismo, palabra que significa ser "contrario a toda ley", es el nombre que reciben varios puntos de vista que han negado que la ley de Dios contenida en las Escrituras deba controlar de manera directa la vida del cristiano.

El antinomianismo dualista aparece entre los herejes gnósticos contra los cuales escribieron Judas y Pedro (Jud. 4-19; 2 P. 2). Este punto de vista considera que la salvación es solo para el alma y que el comportamiento del cuerpo es irrelevante, tanto para los intereses de Dios como para la salud del alma, de manera que no importa si una persona se comporta de manera desenfrenada.

El antinomianismo centrado en el Espíritu pone tanta confianza en los impulsos internos del Espíritu, que niega la necesidad de que la ley nos enseñe cómo debemos vivir. Se da por supuesto que la libertad de la ley como camino de salvación trae consigo una libertad con respecto a la ley como guía para la conducta. En los primeros ciento cincuenta años de la era de la Reforma, este tipo de antinomianismo constituyó con frecuencia una amenaza, y la insistencia de Pablo en que la persona verdaderamente espiritual reconoce la autoridad de la Palabra de Dios por medio de los apóstoles de Cristo (1 Co. 14:37; cp. 7:40) sugiere que la iglesia en Corinto, tan obsesionada con el Espíritu, se hallaba cautiva de esta forma de pensar.

El antinomianismo centrado en Cristo alega que Dios no ve pecado alguno en los creyentes, porque ya están en Cristo, quien cumplió por ellos la ley; por consiguiente, lo que hagan no cambia nada en realidad, siempre que sigan creyendo. Sin embargo, 1 Juan 1:8–2:1 (como exposición del 1:7) y 3:4-10 señalan en una dirección diferente: que no es posible estar en Cristo y al mismo tiempo aceptar el pecado como estilo de vida.

El antinomianismo dispensacionalista sostiene que el cumplimiento de la ley moral no es necesario para los cristianos en ningún momento, puesto que vivimos bajo una dispensación de gracia y no de ley. No obstante, Romanos 3:31 y 1 Corintios 6:9-11 nos muestran con claridad que el cumplimiento de la ley sigue siendo obligatorio para los cristianos. Pablo afirma: "No estando yo sin ley de Dios, sino bajo la ley de Cristo" (1 Co. 9:21).

El antinomianismo dialéctico, como el que sostienen Barth y Brunner, niega que la ley bíblica constituya un mandato directo de Dios y afirma que los imperativos de la Biblia hacen brotar la Palabra del Espíritu que, al aparecer, puede corresponder o no con exactitud a lo que está escrito. Aquí se hace evidente la insuficiencia del concepto neo-ortodoxo sobre la autoridad bíblica; este explica la inspiración de las Escrituras en función de la instrumentalidad de la Biblia como canal para la comunicación de Dios a su pueblo en el presente.

El antinomianismo de situación dice que lo único que Dios exige de los cristianos en la actualidad es una motivación y una intención de amor, y que los mandatos del Decálogo y otras partes de la ética de las Escrituras, aunque se le atribuyan directamente a Dios, son solo reglas orientativas para aplicar el amor; a su vez, hay situaciones en las que estas reglas pueden ser ignoradas por amor. Sin embargo, Romanos 13:8-10, texto al cual apela este punto de vista, enseña que, sin el amor como motivación, no es posible cumplir estos mandatos concretos. Una vez más, sale a la superficie un concepto inaceptablemente débil de las Escrituras.

Se debe insistir en que la ley moral, tal como queda cristalizada en el Decálogo y presentada en las enseñanzas éticas de ambos

Testamentos, es una ley con cohesión interna, promulgada para ser un código práctico para el pueblo de Dios en todas las épocas. Además de esto, arrepentirse significa buscar desde ese mismo instante la ayuda de Dios para poder cumplir esa ley. Recibimos el Espíritu para que nos dé poder a fin de cumplir la ley y hacernos cada vez más semejantes a Cristo, el ejemplo supremo de cumplimiento de la ley (Mt. 5:17). En realidad, este cumplimiento de la ley constituye la realización plena de nuestra naturaleza humana, y las Escrituras no ofrecen esperanza alguna de salvación a nadie que no busque apartarse del pecado para vivir con rectitud, aunque haya profesado tener fe (1 Co. 6:9-11; Ap. 21:8).

EL AMOR

El amor es parte fundamental de la conducta del cristiano

El amor es sufrido, es benigno; el amor no tiene envidia, el amor no es jactancioso, no se envanece; no es indecoroso, no busca lo suyo, no se irrita, no guarda rencor; no se goza de la injusticia, mas se goza de la verdad. Todo lo sufre, todo lo cree, todo lo espera, todo lo soporta.

1 CORINTIOS 13:4-7

El cristianismo del Nuevo Testamento es, en su esencia, una respuesta a la revelación del Creador como un Dios de amor. Dios es un ser tripersonal que ama tanto a los impíos humanos, que el Padre ha dado al Hijo, el Hijo ha dado su vida y Padre e Hijo juntos dan ahora al Espíritu para salvar a los pecadores de una situación incomprensiblemente angustiante y llevarlos a una gloria también incomprensible. Creer en esta sorprendente realidad del amor divino y sentirse abrumado por ella es lo que engendra y sostiene el amor a Dios y al prójimo que exigen los dos grandes mandamientos de Cristo (Mt. 22:35-40). El amor es la expresión de nuestra gratitud a Dios por su misericordia y amor hacia nosotros, y encuentra su modelo en este amor de Dios (Ef. 4:32–5:2; 1 Jn. 3:16).

Por consiguiente, la marca distintiva de la vida cristiana es el amor cristiano. La medida y prueba del amor a Dios es una obediencia profunda y sin condiciones (1 Jn. 5:3; Jn. 14:15, 21, 23); la medida y prueba del amor a nuestro prójimo es la entrega de nuestra vida por Él (1 Jn. 3:16; cp. Jn. 15:12-13). Este amor sacrificado incluye entregarnos, gastarnos y empobrecemos hasta el límite por el bienestar de otros. El relato de Jesús sobre la bondad del samaritano hacia el tan detestado judío se destaca como su definición modelo del amor al prójimo (Lc. 10:25-37).

En 1 Corintios 13:4-8, encontramos el perfil del amor al prójimo. Es impresionante su falta total de preocupación por sí mismo. El amor al prójimo busca el bien de ese prójimo y su verdadera medida es lo mucho que dé para alcanzar ese fin.

El amor es un principio de acción, más que de emoción. Es la decisión de honrar y beneficiar a la otra persona. Es hacer las cosas para los demás, movidos por la compasión ante su necesidad, tanto si sentimos afecto personal por ellas, como si no. Los discípulos de Jesús serán reconocidos por el amor activo que se tengan entre sí (Jn. 13:34-35).

68

LA ESPERANZA

*La esperanza es fundamental
en la postura cristiana*

> Porque las cosas que se escribieron antes, para nuestra enseñanza
> se escribieron, a fin de que por la paciencia y la consolación de
> las Escrituras, tengamos esperanza.

ROMANOS 15:4

Los cristianos, cuya vida se desarrolla entre las dos venidas de Cristo, deben mirar atrás y adelante al mismo tiempo: atrás, al pesebre, a la cruz y a la tumba vacía, por medio de los cuales les fue ganada la salvación; adelante, a su reunión con Cristo más allá de este mundo, a su resurrección personal y al gozo de estar con su Salvador en la gloria para siempre. La consagración del Nuevo Testamento es dirigida constantemente hacia esta esperanza; Cristo es "nuestra esperanza" (1 Ti. 1:1) y servimos al "Dios de esperanza" (Ro. 15:13). La fe misma es definida como "la certeza de lo que se espera" (He. 11:1) y la entrega del cristiano ha sido definida como "asirnos de la esperanza […] como segura y firme ancla del alma" (He. 6:18-19). Cuando Jesús indicó a sus discípulos que debían hacerse tesoros en el cielo, porque "donde esté vuestro tesoro, allí estará también vuestro corazón" (Mt. 6:21), lo que estaba diciendo era lo mismo que diría más tarde Pedro: "Esperad por completo en la gracia que se os traerá cuando Jesucristo sea manifestado" (1 P. 1:13).

El Nuevo Testamento está lleno de una ética de esperanza. Es una ética de peregrinaje: nos debemos ver en este mundo como extranjeros de viaje rumbo al hogar (1 P. 2:11; He. 11:13). Es una ética de pureza: todo aquel que tenga realmente la esperanza de ser como Jesús cuando

Él aparezca, "se purifica a sí mismo, así como él es puro" (1 Jn. 3:3). Es una ética que nos hace estar siempre preparados: debemos estar listos para dejar este mundo y comenzar una relación más íntima con Cristo, Señor nuestro, en cualquier momento en que Él nos convoque (2 Co. 5:6-8; Fil. 1:21-24; cp. Lc. 12:15-21). Es una ética de paciencia: "Si esperamos lo que no vemos, con paciencia lo aguardamos" (Ro. 8:25; cp. 5:1-5, donde la palabra griega traducida como "paciencia" tiene el sentido de perseverancia y un matiz de una obstinada persistencia en medio de las presiones). También es una ética de poder: la esperanza da fortaleza y seguridad, un empeño lleno de energía para correr la carrera, pelear la buena batalla y soportar "esta leve tribulación momentánea" (2 Co. 4:17) que aún nos queda por pasar antes de ir a casa (Ro. 8:18; 15:13; 2 Ti. 4:7-8).

Aunque la vida cristiana suele estar más marcada por el sufrimiento que por el triunfo (1 Co. 4:8-13; 2 Co. 4:7-18; Hch. 14:22), nuestra esperanza es firme y deberíamos sentir siempre una seguridad inagotable: estamos del lado vencedor.

69

LA INICIATIVA

El cristiano vive para agradar a Dios

No como para agradar a los hombres, sino a Dios, que prueba nuestros corazones.

1 Tesalonicenses 2:4

Una verdad muy conocida es que el propósito de todo cristiano en la vida debe ser glorificar a Dios. Tenemos que llevar a cabo todo cuanto digamos y hagamos, toda nuestra obediencia a los mandatos de Dios, todas nuestras relaciones con los demás, todo el uso que hagamos de los dones, talentos y oportunidades que Dios nos dé, todo lo que soportemos por causa de situaciones adversas y hostilidades humanas, de tal forma que le demos a Dios honor y alabanza por su bondad hacia aquellos que hace objeto de su amor (1 Co. 10:31; cp. Mt. 5:16; Ef. 3:10; Col. 3:17).

Es igualmente importante la verdad de que la labor a la que deben dedicar los cristianos todo su tiempo es agradar a Dios. Sería correcto describir esto diciendo que es el llamado personal del cristiano. Jesús no vivió para complacerse a sí mismo; tampoco debemos hacerlo nosotros (Jn. 8:29; Ro. 15:1-3). Agradar a Dios en todo debe ser nuestra meta (2 Co. 5:9; Col. 1:10; 1 Ts. 2:4; 4:1). La fe (He. 11:5-6), la alabanza (Sal. 69:30-31), la generosidad (Fil. 4:18; He. 13:16), la obediencia a las autoridades instituidas por Dios (Col. 3:20) y la resolución en el servicio cristiano (2 Ti. 2:4) se combinan para formar la manera prescrita de hacerlo. Dios nos capacita para este estilo de vida y también se agrada al vernos practicarlo. En su gracia soberana, es procedimiento normal suyo dar lo que ordena y deleitarse en los resultados (He. 13:21; cp. Fil. 2:12-13).

A partir de los llamados a dedicar toda nuestra vida a agradar a Dios, aprendemos el sentido preciso en el que la verdadera santidad es al mismo tiempo cuestión de relación y de creatividad. Dios se relaciona con los cristianos, no solo como un Padre lo hace con sus hijos, sino también como lo hace un Amigo con sus amigos. Abraham recibió el título de amigo de Dios (2 Cr. 20:7; Is. 41:8; Stg. 2:23); Cristo llama amigos suyos a sus discípulos (Lc. 12:4; Jn. 15:14). La medida de la gracia de Dios se halla en que hace amistad con pecadores; la medida de la santidad del cristiano está en que busca agradar a su Amigo celestial, de la misma manera que los cónyuges tratan de agradarse el uno al otro a fin de manifestarse amor (1 Co. 7:32-35). El cristianismo es una aventura amorosa y la santidad consiste, en esencia, en expresar un amor agradecido y asombrado al buscar agradarle.

La creatividad es parte de la imagen de Dios en el hombre y debe hallar su expresión en un estilo de vida emprendedor que busca formas de manifestar gratitud a Dios. El amor siempre preguntará si se puede hacer algo más para agradar y parte de la respuesta siempre será más amor al prójimo y atención a las necesidades de los demás (1 Jn. 3:11-18). Si nuestros planes para agradar a Dios conllevan riesgo, debemos recordar que Jesús elogia en la parábola de los talentos a aquellos que arriesgaron su dinero en el mercado y condena al que practicó una tímida falta de acción (Mt. 25:14-30).

70

LA ORACIÓN

Los cristianos practican la comunión con Dios

> Y les dijo: Cuando oréis, decid: Padre nuestro que estás en los cielos, santificado sea tu nombre. Venga tu reino. Hágase tu voluntad, como en el cielo, así también en la tierra. El pan nuestro de cada día, dánoslo hoy. Y perdónanos nuestros pecados, porque también nosotros perdonamos a todos los que nos deben. Y no nos metas en tentación, mas líbranos del mal.

LUCAS 11:2-4

Dios nos hizo y nos redimió para que tengamos comunión con Él; eso es la oración. Dios nos habla en la Biblia y por medio de ella; su Espíritu Santo la esclarece, la aplica a nosotros y nos capacita para entenderla. Entonces, nosotros le hablamos a Dios de Él mismo, de nosotros y de la gente de su mundo, y formamos nuestras palabras en respuesta a sus palabras. Esta forma única de conversación en ambos sentidos continúa mientras perdura la vida.

La Biblia enseña y ejemplifica la oración como una actividad cuádruple que han de realizar los miembros del pueblo de Dios de manera individual, tanto en privado (Mt. 6:5-8) como en mutua compañía (Hch. 1:14; 4:24). Debemos expresar adoración y alabanza, debemos hacer una contrita confesión del pecado y buscar el perdón, debemos manifestar gratitud por los beneficios recibidos y debemos expresar peticiones y súplicas, tanto por nosotros como por los demás. El Padre Nuestro (Mt. 6:9-13; Lc. 11:2-4) expresa adoración, petición y confesión; el Salterio contiene modelos de los cuatro elementos de la oración.

La petición, en la que la persona que ora reconoce con humildad su necesidad y expresa su confianza total en que Dios la atenderá con sus recursos soberanos de sabiduría y bondad, es la dimensión de la oración que se destaca con mayor frecuencia en la Biblia (p. ej.: Gn. 18:16-33; Éx. 32:31–33:17; Esd. 9:5-15; Neh. 1:5-11; 4:4-5, 9; 6:9, 14; Dn. 9:4-19; Jn. 17; Stg. 5:16-18; Mt. 7:7-11; Jn. 16:23-24; Ef. 6:18-20; 1 Jn. 5:14-16). La petición, junto con las demás formas de oración, debe ir dirigida de ordinario al Padre, como nos lo muestra el Padre Nuestro, pero se puede clamar a Cristo para pedir salvación y sanidad, como en los días cuando estuvo físicamente presente (Ro. 10:8-13; 2 Co. 12:7-9), y al Espíritu Santo para pedirle gracia y paz (Ap. 1:4). No es incorrecto presentar nuestras peticiones a Dios como trino y solicitar una bendición espiritual de cualquiera de las tres personas, pero es prudente seguir la pauta marcada por el Nuevo Testamento.

Jesús enseña que las peticiones al Padre se han de hacer en su nombre (Jn. 14:13-14; 15:16; 16:23-24). Esto significa que invocamos la mediación de Jesús, como el que nos consigue el acceso al Padre, y buscamos su apoyo, como intercesor nuestro en la presencia del Padre. No obstante, solo podemos buscar apoyo en Jesús cuando pedimos de acuerdo con la voluntad revelada de Dios (1 Jn. 5:14) y nuestros propios motivos para pedir son correctos (Stg. 4:3).

Jesús enseña que es correcto presionar a Dios con fervorosa insistencia al presentarle nuestras necesidades (Lc. 11:5-13; 18:1-8) y que Él responderá una oración así de manera positiva. Sin embargo, debemos recordar que Dios, quien sabe lo que es mejor de una forma que nosotros no lo sabemos, puede negarnos nuestra petición concreta en cuanto a la forma de satisfacer las necesidades. Con todo, si lo hace, es porque tiene algo mejor para nosotros que aquello que le hemos pedido, como fue el caso cuando Cristo le negó a Pablo la sanidad con respecto al aguijón en su carne (2 Co. 12:7-9). Decir "Hágase tu voluntad" y rendir la preferencia que hemos expresado a la sabiduría del Padre, tal como hizo Jesús en Getsemaní (Mt. 26:39-44), es la forma más explícita de expresar fe en la bondad de lo que Dios tiene planificado.

No hay tensión ni falta de coherencia entre la enseñanza de las Escrituras sobre la preordenación soberana de todas las cosas por Dios y la relacionada con la eficacia de la oración. Dios preordena tanto los medios como el fin, y nuestra oración ha sido preordenada como el medio por el cual Él hace que se cumpla su soberana voluntad.

Los cristianos que oran con sinceridad, con reverencia y humildad, con la sensación de que son privilegiados y con un corazón puro (es decir, purificado, penitente), encuentran dentro de sí un instinto filial puesto allí por el Espíritu, que los impulsa a dirigir su oración al Padre celestial y a confiar en Él (Gá. 4:6; Ro. 8:15), así como un anhelo de orar que supera su incertidumbre sobre los pensamientos que deben expresar (Ro. 8:26-27). La misteriosa realidad de la ayuda del Espíritu Santo en la oración solo llega a ser conocida por los que oran en verdad.

LOS JURAMENTOS Y LOS VOTOS

Los cristianos deben ser veraces

Y dijeron: Lo devolveremos, y nada les demandaremos; haremos así como tú dices. Entonces convoqué a los sacerdotes, y les hice jurar que harían conforme a esto. Además sacudí mi vestido, y dije: Así sacuda Dios de su casa y de su trabajo a todo hombre que no cumpliere esto, y así sea sacudido y vacío. Y respondió toda la congregación: ¡Amén! y alabaron a Jehová. Y el pueblo hizo conforme a esto.

NEHEMÍAS 5:12-13

La veracidad en las relaciones, sobre todo entre cristianos, es algo ordenado por Dios (Ef. 4:25; Col. 3:9). Concretamente, la verdad forma parte esencial de la santidad auténtica (Sal. 15:1-3). Dios prohíbe mentir, engañar y representar de manera equívoca con malas intenciones (Éx. 20:16; Lv. 19:11). Jesús remonta la mentira hasta Satanás (Jn. 8:44) y aquellos que, como él, mienten a fin de engañar a otros y hacerles daño, son condenados en las Escrituras como impíos, de una forma odiosa y terrible (Sal. 5:9; 12:1-4; 52:2-5; Jer. 9:3-6; Ap. 22:15). Una de las formas de reconocer la dignidad de nuestro prójimo, que lleva en sí la imagen de Dios, consiste en reconocer que tiene derecho a la verdad. De esta forma, decir la verdad (esto es, mostrar el debido respeto por los hechos, por nuestro prójimo y por Dios) se convierte en un elemento fundamental de la verdadera religión y del verdadero amor al prójimo.

Al exponer el noveno mandamiento, la prohibición divina contra el falso testimonio (Éx. 20:16) en función del principio de que lo negativo implica lo positivo (esto es, que el mandamiento exige todo cuanto sea necesario para evitar aquello que prohíbe), el Catecismo Mayor de Westminster (P. 144) afirma:

> Los deberes que se exigen en el noveno mandamiento son: la preservación y la promoción de la verdad entre las personas, así como la preservación y promoción del buen nombre tanto de nuestro prójimo como del nuestro; comparecer y defender la verdad; en asuntos de justicia y juicio, así como en cualquier otra circunstancia.

Los juramentos son declaraciones solemnes en las que se invoca a Dios como testigo de lo que se está afirmando y prometiendo y se lo invita a castigar si se está mintiendo. Las Escrituras aprueban los juramentos como algo adecuado en ciertas ocasiones solemnes (Gn. 24:1-9; Esd. 10:5; Neh. 5:12; cp. 2 Co. 1:23; He. 6:13-17), aunque en los tiempos de la Reforma, los anabaptistas rehusaron esta práctica como parte de su negativa a participar en la vida del mundo secular. Para ello, apelaron a la condenación que hace Jesús de los juramentos pensados y preparados para engañar, como si se tratara de un rechazo a la costumbre de hacer votos. Sin embargo, las palabras de Jesús son más bien una exhortación para hablar con honradez y una advertencia contra la tentación de utilizar palabras que den una impresión falsa con el propósito real de manipulación y explotación (Mt. 5:33-37; cp. Stg. 5:12).

Los votos que se hacen a Dios son el equivalente devocional de los juramentos y se los debe tratar con la misma seriedad (Dt. 21:23; Ec. 5:4-6). Lo que uno prometa hacer en su juramento o su voto debe ser cumplido a toda costa (Sal. 15:4; cp. Jos. 9:15-18). Dios nos exige que tomemos en serio, no solo sus palabras, sino también las nuestras. No obstante, "Nadie deberá jurar que realizará cosa alguna prohibida por la Palabra de Dios, o que impida algún deber mandado en ella" (Confesión de Westminster XXII.7).

EL REINO DE DIOS

Los cristianos deben manifestar el estilo de vida del reino

Preguntado por los fariseos, cuándo había de venir el reino de Dios, les respondió y dijo: El reino de Dios no vendrá con advertencia, ni dirán: Helo aquí, o helo allí; porque he aquí el reino de Dios está entre vosotros.

Lucas 17:20-21

El tema del reino de Dios recorre ambos Testamentos y sirve de punto focal a los propósitos de Dios para la historia del mundo. En los tiempos del Antiguo Testamento, Dios declaró que ejercería su realeza (su soberanía, Dn. 4:34-35) al establecer su reino (su dominio o gobierno sobre la vida y las circunstancias de la gente) bajo el rey escogido por Él (el Mesías davídico, Is. 9:6-7) en una edad dorada de bendición. Este reino vino con Jesús el Mesías como una realidad mundial relacional y existe dondequiera que se reconoce el señorío de Jesús en arrepentimiento, fe y nueva obediencia. Jesús, el gobernante designado ungido y lleno del Espíritu (Lc. 3:21-22; 4:1, 14, 18-21, 32-36, 41), murió, resucitó, ascendió y ahora se halla sentado en el trono celestial como gobernante de todas las cosas (Mt. 28:18; Col. 1:13), Rey de reyes y Señor de señores (Ap. 17:14; 19:16). La era dorada de bendición es una era de beneficio espiritual presente (salvación del pecado y comunión con Dios) que nos lleva a un estado futuro de gozo puro en un universo reconstruido. El reino es presente en sus comienzos, aunque sea futuro en su plenitud; en un sentido ya está aquí, pero en su sentido más pleno, aún ha de venir (Lc. 11:20; 16:16; 17:21; 22:16, 18, 29-30).

El reino no vino solo como misericordia, sino también como juicio, tal como Juan el Bautista, su precursor, había dicho que vendría (Mt. 3:1-12). Quienes recibieron con obediencia la palabra de Jesús y pusieron en sus manos su destino hallaron misericordia, mientras que los líderes judíos, que no quisieron hacerlo, fueron juzgados. De manera estricta, los líderes judíos se juzgaron a sí mismos, puesto que prefirieron vivir en la oscuridad al apartarse del Salvador (Jn. 3:17-20).

La tarea de la iglesia consiste en hacer visible el reino invisible por medio de un estilo de vida cristiano fiel y de testimonio. El evangelio de Cristo sigue siendo el evangelio del reino (Mt. 4:23; 24:14; Hch. 20:25; 28:23, 31), las buenas nuevas de justicia, paz y gozo en el Espíritu Santo que se obtienen al entrar en una relación de discipulado con el Señor viviente (Ro. 14:17). La iglesia debe hacer que este mensaje sea digno de crédito, al manifestar la realidad de un estilo de vida según el reino.

La venida del reino significó una nueva etapa en el programa de la historia de la redención de Dios. El Mesías llegó, redimió y se retiró a su trono con la promesa de que vendría de nuevo. Todo lo típico, temporal e imperfecto en lo dispuesto por Dios para la comunión de Israel con Él se convirtió en algo del pasado. El Israel de Dios, la simiente de Abraham, fue definido de nuevo como la compañía de los que han creído en Jesús (Gá. 3:16, 26-29). El Espíritu fue derramado y un nuevo estilo de vida (la vida en Cristo y con Cristo) se convirtió en una realidad de este mundo. De esta forma nació la comunión internacional de toda la iglesia y el evangelismo mundial (Ef. 2:11-18; 3:6, 14-15; Ap. 5:9-10; 7:9; Mt. 28:19-20; Col. 1:28-29). Aunque fueron grandes cambios, ninguno de ellos significó el surgimiento de un nuevo conjunto de normas morales, como se da por supuesto a veces. La ley moral para los cristianos, la ley del reino presente de Dios, es la que aparece en los Diez Mandamientos y en los profetas, aplicada ahora a la nueva situación. Jesús no abolió esa ley, sino que más bien reveló su significado (Mt. 5:17-48).

LOS APÓSTOLES

Los representantes de Jesús ejercieron la autoridad de Él

Y les echaron suertes, y la suerte cayó sobre Matías; y fue contado con los once apóstoles.

HECHOS 1:26

Aunque los Evangelios llaman "discípulos" y "apóstoles" a las mismas personas (Mr. 3:7, 14), ambos términos no son sinónimos. *Discípulo* significa "alumno, aprendiz"; *apóstol* significa "emisario, representante", en el sentido de alguien que es enviado con plenos poderes por parte de quien lo envía. Los "doce apóstoles del Cordero" (Ap. 21:14), que hemos de distinguir de los apóstoles ("mensajeros") de las iglesias (2 Co. 8:23) y del resto de los discípulos de Jesús, fueron escogidos y enviados por Él mismo (Mr. 3:14), así como Él, "apóstol [...] de nuestra profesión" (He. 3:1), fue escogido y enviado por el Padre (1 P. 1:20). De la misma forma que rechazar a Jesús es rechazar al Padre, rechazar a los apóstoles es rechazar a Jesús (Lc. 10:16).

El Nuevo Testamento presenta a los apóstoles en su función como evangelistas, fundadores de iglesias en el sentido de establecer comunidades y pastores, tal como el mismo Jesús funcionó en estos tres papeles durante su ministerio terrenal. Así como Jesús afirmaba que sus palabras tenían la autoridad divina del Padre (Jn. 12:49-50; 14:24), también los apóstoles afirmaban que las suyas tenían la autoridad divina de Cristo (1 Ts. 2:13; 2 Ts. 3:6; cp. 1 Co. 2:12-13; 14:37).

Hechos 1:15-26 nos relata que la iglesia, antes del día de Pentecostés, pidió a Cristo en oración que, por medio de las suertes que ellos echaron, escogiera a un sucesor de Judas. No está claro en el libro de los Hechos si hicieron bien y si Pablo era el decimotercer apóstol de Cristo, o si Pablo era el que Cristo tenía en mente para reemplazar a Judas y escoger a Matías fue un error; es posible que el propio Lucas no lo supiera. Pablo, el "apóstol a los gentiles" (Ro. 11:13; Gá. 2:8), quien se presenta a sí mismo como apóstol en las palabras iniciales de la mayoría de sus epístolas, insiste en que, por haber visto a Cristo en el camino de Damasco y haber sido enviado por Él (Hch. 26:16-18), es tan ciertamente testigo de la resurrección de Jesús (requisito indispensable para un apóstol, Hch. 1:21-22; 10:41-42) como los demás. Jacobo, Pedro y Juan aceptaron a Pablo en la compañía apostólica (Gá. 2:9) y Dios confirmó su posición con las señales de un apóstol (milagros y manifestaciones, 2 Co. 12:12; He. 2:3-4) y con la fecundidad de su ministerio (1 Co. 9:2).

Los apóstoles eran agentes de la revelación hecha por Dios de las verdades que se convertirían en regla de fe y de vida para los cristianos. Como tales y por medio del nombramiento recibido de Cristo como representantes autorizados suyos (2 Co. 10:8; 13:10), los apóstoles ejercieron una autoridad exclusiva y funcional dentro de la iglesia en sus comienzos. En la actualidad, no hay apóstoles, aunque algunos cristianos cumplan ministerios que son apostólicos en estilo de una manera especial. En nuestra época, no hay ninguna revelación canónica nueva; la autoridad del magisterio apostólico reside en las Escrituras canónicas, de las cuales son centro y clave los escritos de los propios apóstoles. No obstante, la ausencia de nueva revelación no pone a la iglesia contemporánea en desventaja alguna, comparada con la iglesia de los tiempos apostólicos, porque el Espíritu Santo interpreta y aplica estas Escrituras continuamente para el pueblo de Dios.

74

LA IGLESIA

Dios coloca a los suyos en una nueva comunidad

> Así que ya no sois extranjeros ni advenedizos, sino conciudadanos de los santos, y miembros de la familia de Dios, edificados sobre el fundamento de los apóstoles y profetas, siendo la principal piedra del ángulo Jesucristo mismo, en quien todo el edificio, bien coordinado, va creciendo para ser un templo santo en el Señor; en quien vosotros también sois juntamente edificados para morada de Dios en el Espíritu.
>
> Efesios 2:19-22

La iglesia (en griego, *ekklesía*, que significa "asamblea") existe en Jesucristo, por Jesucristo y gracias a Jesucristo. Por eso es una realidad distintiva del Nuevo Testamento. Sin embargo, al mismo tiempo constituye una continuación de Israel, la simiente de Abraham, el pueblo del pacto de Dios de los tiempos del Antiguo Testamento, por medio de una nueva fase de la historia de la redención. Las diferencias entre la iglesia e Israel se hallan enraizadas en la novedad del pacto por medio del cual Dios y su pueblo están unidos entre sí. El nuevo pacto bajo el cual vive la iglesia (1 Co. 11:25; He. 8:7-13) es una nueva forma de la relación en la que Dios le dice a una comunidad escogida: "Os tomaré por mi pueblo, y seré vuestro Dios" (Éx. 6:7; Jer. 31:33). Tanto la continuidad como la discontinuidad entre Israel y la iglesia reflejan este cambio en la forma del pacto, que tuvo lugar al venir Cristo.

Los nuevos rasgos del nuevo pacto son los siguientes. En primer lugar, la mediación de Jesús, el Dios hombre crucificado, resucitado y reinante, supera a los sacerdotes, los sacrificios y el santuario del Antiguo Testamento (He. 1–10); en Él, los creyentes encuentran ahora su identidad como simiente de Abraham y pueblo de Dios (Gá. 3:29; 1 P. 2:4-10).

En segundo lugar, el exclusivismo étnico del antiguo pacto (Dt. 7:6; Sal. 147:19-20) es reemplazado por la inclusión en Cristo de creyentes de todas las naciones en igualdad de términos (Ef. 2–3; Ap. 5:9-10).

En tercer lugar, el Espíritu es derramado sobre cada cristiano y también sobre la iglesia, de manera que la comunión con Cristo (1 Jn. 1:3), el ministerio que procede de Cristo (Jn. 12:32; 14:18; Ef. 2:17) y el anticipo del cielo (2 Co. 1:22; Ef. 1:14) se convierten en realidades dentro de la experiencia de la iglesia.

La incredulidad de la mayoría de los judíos (Ro. 9–11) condujo a una situación que Pablo describe de la siguiente manera: Dios desgajó las ramas naturales de su olivo (la comunidad histórica del pacto) y las reemplazó con ramas del olivo silvestre (Ro. 11:17-24). El carácter predominantemente gentil que tiene la iglesia no se debe a los términos del nuevo pacto, sino a que los judíos los rechazaran; Pablo enseñó que esto sería revocado algún día (Ro. 11:15, 23-31).

El Nuevo Testamento define a la iglesia en función del cumplimiento de las esperanzas y los patrones del Antiguo Testamento por medio de una relación con las tres personas de la Trinidad, producida por el ministerio mediador de Jesucristo. La iglesia es vista como la familia y el rebaño de Dios (Ef. 2:18; 3:15; 4:6; Jn. 10:16; 1 P. 5:2-4), su Israel (Gá. 6:16); el cuerpo y la esposa de Cristo (Ef. 1:22-23; 5:25-28; Ap. 19:7; 21:2, 9-27); y el templo del Espíritu Santo (1 Co. 3:16; cp. Ef. 2:19-22). Los que forman la iglesia son llamados los "elegidos" (escogidos), los "santos" (consagrados, apartados para Dios) y los "hermanos" (hijos adoptivos de Dios).

En esencia, la iglesia es, era y siempre será una sola comunidad de adoración, reunida de manera permanente en el santuario verdadero que es la Jerusalén celestial (Gá. 4:26; He. 12:22-24), el lugar de la presencia de Dios. Aquí adoran continuamente todos los que están vivos en Cristo: los que tienen vida física y los que ya no la tienen (es decir, la iglesia militante y la iglesia triunfante). En cambio, en el mundo, esta iglesia única se presenta bajo la forma de congregaciones locales, cada una de ellas llamada a realizar el papel de constituir un microcosmos (una muestra representativa en pequeña escala) de la iglesia en su conjunto. Esto explica cómo es posible que, para Pablo, la iglesia universal sea el cuerpo de Cristo (1 Co. 12:12-26; Ef. 1:22-23; 3:6; 4:4) y también lo sea la congregación local (1 Co. 12:27).

Se acostumbra a caracterizar a la iglesia en la tierra como "una" (porque, en realidad, lo es en Cristo, como lo indica Efesios 4:3-6, a pesar del gran número de iglesias locales y agrupaciones denominacionales), "santa" (porque está consagrada a Dios en sentido corporativo, como lo está cada cristiano individualmente, Ef. 2:21), "católica" (porque es mundial en su extensión y busca mantener la plenitud de la fe) y "apostólica" (porque se halla fundada sobre las enseñanzas de los apóstoles, Ef. 2:20). Se pueden ilustrar estas cuatro características a partir de Efesios 2:19-22.

Debemos hacer una distinción entre la iglesia tal como la vemos los humanos y tal como solo Dios puede verla. Esta es la distinción histórica entre la "iglesia visible" y la "iglesia invisible". *Invisible* no significa que no podamos ver señal alguna de su presencia, sino que no podemos saber (como lo sabe Dios, que lee los corazones, 2 Ti. 2:19) cuáles de los que son miembros bautizados y profesos de la iglesia como institución organizada han sido regenerados internamente y, de esta forma, pertenecen a la iglesia como comunión espiritual de pecadores que aman a su Salvador. Jesús enseñó que, en la iglesia organizada, siempre habría quienes se considerarían cristianos y pasarían por cristianos, e incluso algunos de ellos llegarían a ser ministros, pero que no tendrían un corazón renovado y, por tanto, serían descubiertos y rechazados en el Juicio (Mt. 7:15-27; 13:24-30, 36-43, 47-50; 25:1-46). La distinción entre "visible" e "invisible" es hecha para tener esto presente. No es que haya dos iglesias, sino que es normal que la comunidad visible contenga cristianos de imitación que Dios sabe que no lo son en realidad (y que, si quisieran, lo podrían saber también ellos mismos: 2 Co. 13:5).

El Nuevo Testamento da por supuesto que todos los cristianos compartirán la vida de una iglesia local al reunirse con ella para adorar (He. 10:25), aceptar su enseñanza y disciplina (Mt. 18:15-20; Gá. 6:1) y compartir su labor de testimonio. Los cristianos desobedecen a Dios y se empobrecen a sí mismos cuando se niegan a unirse con otros creyentes, si existe una congregación local a la cual ellos pueden pertenecer.

Dios no prescribe la realización del culto cristiano de una manera tan detallada como en los tiempos del Antiguo Testamento, pero el Nuevo Testamento indica con claridad que los ingredientes básicos de la adoración corporativa cristiana son la alabanza ("salmos, himnos y cánticos espirituales", Ef. 5:19), la oración y la predicación, con la distribución periódica de la Santa Cena (Hch. 20:7-11). Es evidente que el canto de alabanzas a Dios era algo importante en la iglesia apostólica, como lo ha sido desde entonces en todos los movimientos de poder espiritual: Pablo y Bernabé, además de orar (en voz alta), cantaban himnos en la prisión de Filipos (Hch. 16:25) y el Nuevo Testamento contiene una serie de pasajes que parecen ser fragmentos de himnos (Ef. 5:14; Fil. 2:6-11; 1 Ti. 3:16 y otros). Al mismo tiempo, los *cánticos nuevos* de Apocalipsis son numerosos y exuberantes hasta el éxtasis (Ap. 4:8, 11; 5:9-10, 12-13; 7:10, 12; 11:15, 17-18; 12:10-12; 15:3-4; 19:1-8; 21:3-4). Toda iglesia local, dondequiera que se encuentre, que esté espiritualmente viva, sin duda alguna se tomará muy en serio su canto, su oración y su predicación y los protegerá todos con gran celo.

LA PALABRA Y LOS SACRAMENTOS

Cómo identificar a una iglesia genuina

La iglesia en Éfeso [...] la iglesia en Esmirna [...] la iglesia en Pérgamo [...] la iglesia en Tiatira [...] la iglesia en Sardis [...] la iglesia en Filadelfia [...] la iglesia en Laodicea [...].

APOCALIPSIS 2:1, 8, 12, 18; 3:1, 7, 14

Toda iglesia local constituye una manifestación de la única iglesia universal y presenta la naturaleza de esa iglesia como la familia regenerada del Padre, el cuerpo de Cristo que ministra y la comunidad sostenida por el Espíritu Santo. El mundo contiene iglesias que se autodenominan como tales, pero que tienen credenciales dudosas o falsas (p. ej., las iglesias unitarias y la iglesia mormona, que niegan ambas la Trinidad). También, es un hecho conocido que ciertas congregaciones, que en un tiempo sostuvieron la fe sin ambigüedades, han ido cayendo hasta el punto de que es difícil saber si aún siguen siendo iglesias. Por consiguiente, es necesario usar el discernimiento. Al oponerse al papado y separarse de la Iglesia católica romana, los reformadores se vieron forzados a determinar cuáles eran las señales distintivas de la iglesia verdadera. A partir de las Escrituras, encontraron la respuesta en función de dos criterios.

1. *La predicación fiel de la Palabra de Dios.* Esto significa que el grupo en cuestión predica los fundamentos del evangelio cristiano a partir de las Escrituras. La negación de la Trinidad, de la

divinidad de Cristo, de la expiación de los pecados y de la justi-ficación por medio de la fe, por ejemplo, relaciona a los grupos aberrantes del presente con los separatistas del docetismo, cuyo rechazo de la encarnación y la expiación (1 Jn. 4:1-3) hizo exclamar a Juan: "No eran de nosotros" (1 Jn. 2:19).

2. *El uso correcto de los sacramentos*. Esto significa que se conside-ran y explican el bautismo y la Santa Cena como presentaciones del evangelio destinadas a recordar, confirmar y fortalecer la fe en Cristo. Las supersticiones que ahogan la fe al convertir los sacramentos en ritos mágicos son intolerables. Estas supersti-ciones alteran la identidad eclesial de una forma más radical que cualquier otro obstáculo a la fe en Cristo. El ingreso a la iglesia visible es parte de lo que significa ser bautizados; la con-firmación del lugar que la persona ocupa en ella forma parte de lo que significa compartir la Cena del Señor. El uso correcto de los sacramentos comprende un elemento de disciplina ecle-sial por medio del cual se prueban las profesiones de fe y se revisa la conducta pública.

Lo ideal es que una congregación cristiana presente otras marcas distintivas de su identidad junto a estas dos mínimas. Lutero habló concretamente de las claves de la disciplina (Mt. 16:19), un ministerio autorizado (Hch. 14:23; 20:28), la adoración pública (He. 10:25) y el sufrimiento bajo la cruz (Hch. 14:22; 20:29). Las iglesias reformadas concretaron un sistema de funcionamiento para la disciplina como ter-cer criterio o marca distintiva de la iglesia visible (Tit. 1:13; 2:15; 3:10). En la actualidad, los carismáticos y otros hablan del ministerio activo de todos los miembros como otra de las señales distintivas de la iglesia verdadera (Ef. 4:7-16).

Con todo, estas señales adicionales no son esenciales en el mismo sentido en que lo son las dos mínimas. Ciertamente, una iglesia que carezca de ellas será deficiente, pero no sería cierto afirmar que no reúne en absoluto las características de iglesia.

LOS ANCIANOS

Los pastores deben cuidar de la iglesia

Es necesario que el obispo sea [...] retenedor de la palabra fiel tal como ha sido enseñada, para que también pueda exhortar con sana enseñanza y convencer a los que contradicen.

TITO 1:7, 9

Los apóstoles indicaron a todos los cristianos que debían velar los unos por los otros con amoroso cuidado y oración (Gá. 6:1-2; 1 Jn. 3:16-18; 5:16; He. 12:15-16), pero también nombraron en cada congregación guardianes, llamados "ancianos" (Hch. 14:23; Tit. 1:5), que cuidarían del pueblo como los pastores cuidan de las ovejas (Hch. 20:28-31; 1 P. 5:1-4) y lo guiarían por medio del ejemplo (1 P. 5:3) para apartarlo de todo lo dañino y llevarlo a todo lo bueno. En virtud de su oficio, los ancianos (o presbíteros, del griego *presbúteroi*) son llamados también "pastores" (en griego, *poiménes*, Ef. 4:11) y supervisores (griego *epískopoi*, u "obispos", Hch. 20:28; cp. v. 17; Tit. 1:5, cp. v. 7; 1 P. 5:1-2), y se habla de ellos en función de otras labores además del liderazgo propiamente dicho (Ro. 12:8; 1 Ts. 5:12; He. 13:7, 17, 24). Por su parte, la congregación debe reconocer la autoridad que sus líderes han recibido de Dios y seguir su dirección (He. 13:17).

Esta pauta se halla presente ya en el Antiguo Testamento, donde Dios es el "Pastor de Israel" (Sal. 80:1) y los reyes, profetas, sacerdotes y ancianos (gobernantes locales) son llamados a actuar como agentes suyos en el papel de subpastores (Nm. 11:24-30; Dt. 27:1; Esd. 5:5; 6:14; 10:8; Sal. 77:20; Jer. 23:1-4; Ez. 34; Zac. 11:16-17). En el Nuevo Testamento, Jesús el Buen Pastor (Jn. 10:11-30) es también el Príncipe de los pastores (1 P. 5:4) y los ancianos son subordinados suyos. El apóstol Pedro se llama a sí mismo "anciano" bajo la autoridad de Cristo (1 P. 5:1), tal vez al recordar que el pastoreo espiritual fue la tarea concreta que Jesús le encomendó cuando lo restauró al ministerio (Jn. 21:15-17).

Algunos ancianos enseñan, aunque no todos (1 Ti. 5:17; Tit. 1:9; He. 13:7), y Efesios 4:11-16 dice que Cristo le dio a la iglesia pastores-maestros (una clase de persona con un papel doble) a fin de preparar a todos para servir, por medio del descubrimiento y el desarrollo de los dones espirituales de cada persona. En los grupos congregacionales de líderes previstos por los apóstoles, es posible que haya habido maestros que no fueran ancianos (2 Ti. 2:2), así como ancianos que no enseñaban y ancianos que gobernaban y enseñaban a la vez.

El papel pastoral de los ancianos exige una personalidad cristiana madura y estable y una vida personal ordenada (1 Ti. 3:1-7; Tit. 1:5-9). Habrá una recompensa para la entrega y la fidelidad en el ministerio del anciano (He. 13:17; 1 P. 5:4; cp. 1 Ti. 4:7-8).

Las responsabilidades personales de los apóstoles y de sus representantes, como Timoteo y Tito, eran mayores que las de los ancianos de las congregaciones (2 Co. 11:28; Tit. 1:5), mientras que las de los diáconos (en griego, *diákonoi*, o "siervos", tal vez los ayudantes de los ancianos, 1 Ti. 3:8-13; Fil. 1:1) eran menores e incluían una responsabilidad específica con respecto al ministerio de misericordia (Hch. 6:2-6; Ro. 16:1-2).

Todas las iglesias necesitan de funcionarios ministeriales que cumplan con el papel de ancianos y deben establecer un método sabio para escogerlos y nombrarlos.

LOS SACRAMENTOS

Cristo instituyó dos sellos del pacto con Dios

Y [Abraham] recibió la circuncisión como señal, como sello de
la justicia de la fe que tuvo estando aún incircunciso.

ROMANOS 4:11

Cristo instituyó dos ritos que debían observar sus seguidores: el
bautismo, un rito único de iniciación (Mt. 28:19; Gá. 3:27),
y la Santa Cena, un rito memorial constante (1 Co. 11:23-26). La
iglesia occidental los llama "sacramentos"; la ortodoxa oriental los
llama "misterios"; y algunos protestantes que consideran que estas
dos palabras están manchadas por relaciones que no las ayudan, los
llaman "ordenanzas". Las Escrituras no tienen ninguna palabra para la
categoría que forman estos dos ritos, ni para sus equivalentes del Antiguo Testamento, esto es la circuncisión de los varones como rito de
iniciación (Gn. 17:9-14, 23-27) y la Pascua anual como rito memorial
(Éx. 12:1-27). Sin embargo, la enseñanza de la Biblia nos autoriza a
reunirlos todos en una misma clasificación como señales y sellos de
una relación de pacto con Dios.

La palabra *sacramento* procede del latín *sacramentum*, que tiene
el significado general de rito sagrado y, en particular, del juramento
sagrado de fidelidad que hacía un soldado. El estudio de los ritos
mismos nos da un concepto del sacramento como una acción ritual
instituida por Cristo, en la cual ciertas señales percibidas por medio
de los sentidos nos presentan la gracia de Dios en Cristo y las bendiciones de su pacto. Les comunican y sellan estas bendiciones a los
creyentes y les confirman su posesión; estos a su vez, al responder en

la recepción de los sacramentos, dan expresión a su fe y a su fidelidad a Dios. El efecto de la recepción de los sacramentos es: "Establecer una diferencia visible entre los que pertenecen a la iglesia y el resto del mundo; y para comprometerlos solemnemente en el servicio a Dios en Cristo, en conformidad con su Palabra" (Confesión de Westminster XXVII.1).

Fue un error medieval clasificar como sacramentos a otros cinco ritos más (la confirmación, la penitencia, el matrimonio, el orden sacerdotal y la extremaunción). Además de que no son sello de una relación de pacto con Dios: "No tienen la misma naturaleza de los sacramentos del bautismo y la Cena del Señor, ya que no poseen una señal visible o ceremonia ordenada por Dios" (Treinta y nueve artículos, XXV).

Es correcto considerar a los sacramentos como medios de gracia, puesto que Dios los hace medios de fe; en este sentido, los usa para fortalecer la confianza de la fe en sus promesas y para causar actos de fe a fin de recibir los buenos dones que se están simbolizando. La eficacia de los sacramentos a este respecto no reside en la fe ni en la virtud del ministro, sino en la fidelidad de Dios, quien dio Él mismo las señales y ahora se complace en utilizarlas. Sabedores de esto, Cristo y los apóstoles no solo hablan del símbolo como si fuera la cosa simbolizada, sino que también hablan como si recibir el primero fuera lo mismo que recibir la segunda (p. ej.: Mt. 26:26-28; 1 Co. 10:15-21; 1 P. 3:21-22). Así como la predicación de la Palabra hace audible el evangelio, también los sacramentos lo hacen visible y Dios utiliza ambos medios para fomentar la fe.

Los sacramentos fortalecen la fe al relacionar las creencias cristianas con el testimonio de nuestros sentidos. El Catecismo de Heidelberg ilustra esto en su respuesta a la Pregunta 75. Las palabras clave son *tan cierto como*.

Cristo me mandó [...] comer de este pan partido y a beber de esta copa en memoria de Él, añadiendo las siguientes promesas: en primer lugar, que el hecho de que Su cuerpo fue [...] partido en la cruz por mí y de que Su sangre fue vertida por mí es tan cierto como que yo veo con mis propios ojos que el pan del Señor es partido para mí y que la copa me es dada a mí. En segundo lugar, que el hecho de que Él mismo alimenta y nutre mi alma para vida eterna con Su cuerpo crucificado y Su sangre vertida es tan cierto como que yo recibo el pan y la copa del Señor [...] como señales certeras del cuerpo y la sangre de Cristo.

Los sacramentos funcionan como medios de gracia a partir del principio de que, literalmente, ver es (esto es, conduce a) creer.

EL BAUTISMO

Este rito manifiesta la unión con Cristo

> ¿O no sabéis que todos los que hemos sido bautizado en Cristo Jesús, hemos sido bautizados en su muerte? Porque somos sepultados juntamente con él para muerte por el bautismo, a fin de que como Cristo resucitó de los muertos por la gloria del Padre, así también nosotros andemos en vida nueva.
>
> ROMANOS 6:3-4

El bautismo cristiano, que tiene la forma de un lavamiento ceremonial (como el bautismo precristiano de Juan), es un símbolo que viene de Dios para simbolizar la purificación interna y la remisión de los pecados (Hch. 22:16; 1 Co. 6:11; Ef. 5:25-27), la regeneración que obra el Espíritu y la nueva vida (Tit. 3:5), y la presencia permanente del Espíritu Santo como el sello de Dios, que testifica y garantiza que la persona estará guardada y segura en Cristo para siempre (1 Co. 12:13; Ef. 1:13-14). El bautismo contiene estos significados porque primera y fundamentalmente, simboliza la unión con Cristo en su muerte, sepultura y resurrección (Ro. 6:3-7; Col. 2:11-12); esta unión con Cristo es la fuente de todos los demás elementos de nuestra salvación (1 Jn. 5:11-12). La recepción de esta señal en fe otorga a las personas bautizadas la seguridad de que el don divino de la vida nueva en Cristo les ha sido dado de manera gratuita. Al mismo tiempo, las compromete a vivir desde ese momento de una forma nueva como discípulos consagrados de Jesús. El bautismo marca una línea divisoria en la vida del ser humano, porque simboliza un injerto como nueva criatura en la vida resucitada de Cristo.

Cristo ordenó a sus discípulos que bautizaran en el nombre del Padre, del Hijo y del Espíritu Santo (Mt. 28:19). Esto significa que la relación de pacto que confiere formalmente el bautismo es de aceptación por parte de las tres personas de la Trinidad, comunión con todas ellas y consagración a todas ellas. Cuando Pablo dice que los israelitas "en Moisés fueron bautizados" (1 Co. 10:2), significa que fueron puestos bajo el dominio y la dirección de este. De igual forma, el bautismo en el nombre del Dios trino significa dominio y dirección por parte de Dios mismo.

La señal externa no trae consigo de manera automática ni mágica las bendiciones internas que simboliza y la profesión de fe de los candidatos no siempre es genuina. Pedro tuvo que decirle a Simón el mago, poco después de haber sido bautizado este, que aún su corazón no había sido renovado (Hch. 8:13-24).

Como señal de un acontecimiento único, el bautismo solo se debe administrar en una ocasión a cada persona. El bautismo es real y válido si se usan el agua y el nombre trino, aunque se trate de un adulto cuya profesión resulte hipócrita. Simón el mago recibió el bautismo una vez y, si llegó más tarde a la fe verdadera, habría sido incorrecto bautizarlo de nuevo.

No es posible hallar en el Nuevo Testamento mandato alguno sobre un tipo de bautismo en particular. Se puede cumplir el mandato de bautizar por inmersión, por infusión o por aspersión; las tres formas satisfacen el significado del verbo griego *baptízo* y la exigencia simbólica de pasar bajo el agua purificadora y surgir de ella.

Bautizar a los hijos pequeños de los creyentes, en la creencia de que esto está de acuerdo con la voluntad revelada de Dios, ha constituido la práctica histórica en la mayoría de las iglesias. Sin embargo, la comunidad bautista mundial, en la que están incluidos diversos pensadores reformados distinguidos, rebate esto.

Esta polémica se relaciona con la insistencia bautista en que solo pueden ser miembros de las congregaciones locales aquellos que hayan profesado su fe personal en público. Esta insistencia es apoyada a menudo con la afirmación de que Cristo instituyó el bautismo sobre todo como profesión pública de fe y que esta profesión forma parte de la definición del bautismo, de manera que el bautismo de infantes en realidad no es bautismo. (Por este motivo, las iglesias bautistas suelen rebautizar como creyentes a las personas bautizadas en su infancia que han llegado a la fe; desde el punto de vista bautista, aún no han sido bautizadas). La teología reformada niega la idea de que el bautismo de los creyentes sea el único bautismo y rechaza la negativa bautista a darles un lugar a los hijos de creyentes dentro del cuerpo de Cristo en virtud de su relación con sus padres y, por tanto, desde el nacimiento. Estas diferencias en la iglesia visible forman el contexto de todas las discusiones sobre el bautismo de niños como tal.

La defensa para el bautismo de los hijos de creyentes (práctica que el Nuevo Testamento no ilustra, ordena ni prohíbe) se basa en la afirmación de que la transición entre la forma "antigua" y la "nueva" del pacto con Dios que fue producida por la venida de Cristo no afectó el principio de solidaridad familiar en la comunidad del pacto (esto es, la iglesia, como es llamada ahora). Por tanto, se debe bautizar a los niños como antes se circuncidaba a los niños varones judíos, no para darles una posición dentro del pacto, sino para dar testimonio de la posición que su parentesco ya les había dado en el pacto por soberana disposición de Dios.

En 1 Corintios 7:14, Pablo resuelve la cuestión de si Dios acepta un matrimonio en el cual solo uno de los cónyuges se ha hecho cristiano, invocando la certeza de que los niños de un matrimonio así son "santos" por relación y por pacto, esto es, son consagrados a Dios y aceptados por Él en la compañía del padre o madre cristiano. Por consiguiente, el principio de solidaridad entre padre e hijo sigue en pie, como lo indicó también Pedro en su sermón del día de Pentecostés (Hch. 2:39). Ahora bien, si los niños comparten la categoría de pertenecer al pacto con su padre o madre, es adecuado, si todas las demás cosas también son iguales, concederles la señal de esa categoría y de su lugar dentro de la comunidad del pacto y sería incorrecto que la iglesia se la negara. Así pues, es evidente que esto es adecuado por el hecho de que, cuando la circuncisión era la señal de pertenencia al pacto y de inclusión en la comunidad, Dios la ordenaba de manera explícita (Gn. 17:9-14).

Contra esto, los bautistas afirman que (1) la circuncisión era sobre todo una señal de identidad étnica judía, de manera que el supuesto paralelo entre ella y el bautismo cristiano es un error; (2) bajo el nuevo pacto, la exigencia de una fe personal antes del bautismo es absoluta; y (3) las prácticas que las Escrituras no reconocen ni aprueban de manera explícita no deben ser introducidas en la vida de la iglesia.

Es cierto que todos los miembros adultos deberían profesar su fe ante la iglesia de una manera personal y las comunidades que bautizan a los niños proporcionan la oportunidad de hacerlo en un rito de confirmación u otra circunstancia equivalente. La formación cristiana de los niños bautistas y paidobautistas es similar: dedicados a Dios en su infancia, ya sea por el bautismo o por un rito de dedicación (que algunos consideran como un bautismo en seco), son más tarde criados de manera que vivan para el Señor y llevados al punto de confesar en público su fe por su propia cuenta, en la confirmación o en el bautismo (que algunos consideran como una confirmación por agua). Después de esto, disfrutan plena categoría de comunicantes, a menos, por supuesto, que sean sometidos a disciplina por alguna caída. El debate que aún perdura no se refiere a la forma de criar a los niños, sino a la forma en que Dios define a la iglesia.

LA SANTA CENA

Este rito manifiesta comunión con Cristo

Porque yo recibí del Señor lo que también os he enseñado: Que el Señor Jesús, la noche que fue entregado, tomó pan; y habiendo dado gracias, lo partió, y dijo: Tomad, comed; esto es mi cuerpo que por vosotros es partido; haced esto en memoria de mí. Asimismo tomó también la copa, después de haber cenado, diciendo: Esta copa es el nuevo pacto en mi sangre; haced esto todas las veces que la bebiereis, en memoria de mí. Así, pues, todas las veces que comiereis este pan, y bebiereis esta copa, la muerte del Señor anunciáis hasta que él venga.

1 Corintios 11:23-26

La Santa Cena es un acto de adoración que toma la forma de un banquete ceremonial, en el que los siervos de Cristo comparten pan y vino en memoria de su Señor crucificado y en celebración de la nueva relación de pacto con Dios por medio de la muerte de Cristo.

Nuestro Señor Jesús, la noche en que fue traicionado, instituyó el sacramento de su cuerpo y sangre, llamado la Santa Cena. Este sacramento debe ser observado en su iglesia hasta el fin del mundo con el propósito de conmemorar perpetuamente el sacrifico de sí mismo en su muerte, para sellar en los verdaderos creyentes todos los beneficios de la misma, para su nutrición espiritual y crecimiento en él, para mayor compromiso en y hacia todas las obligaciones que a él le deben, y para ser un lazo y una garantía de su comunión con Él, y de los unos con los otros, como miembros de su cuerpo místico (Confesión de Westminster XXIX.1).

Los pasajes que hablan de la Cena en la que se apoya esta declaración son los cuatro relatos de su institución (Mt. 26:26-29; Mr. 14:22-25; Lc. 22:17-20; 1 Co. 11:23-25) y 1 Corintios 10:16-21; 11:17-34. El sermón de Jesús (Jn. 6:35-38) sobre sí mismo como el Pan de vida y la necesidad de alimentarnos de Él al comer su carne y beber su sangre fue predicado antes de que existiera la Santa Cena; es mejor comprenderlo en relación con lo que la Cena simboliza (esto es, la comunión con Cristo por la fe), más que con la Cena misma.

En la época de la Reforma, las cuestiones relacionadas con la naturaleza de la presencia de Cristo en la Cena y con el vínculo entre este rito y su muerte expiatoria fueron centro de tormentosas controversias. En cuanto al primer asunto, la Iglesia católica romana afirmaba (y sigue afirmando) la transubstanciación, definida así por el Cuarto Concilio Lateranense en 1215. La palabra *transubstanciación* significa que las sustancias de pan y vino son transformadas de manera milagrosa en las sustancias del cuerpo y la sangre de Cristo, de forma que dejan de ser pan y vino, aunque sigan teniendo estas apariencias. Lutero modificó esto para afirmar lo que más tarde se llamaría "consubstanciación" (término que no gozaba del favor de Lutero); esto es, que el cuerpo y la sangre de Cristo se hacen presentes en, con y bajo la forma del pan y el vino, y estos se convierten así en más que pan y que vino, aunque no menos tampoco. La Iglesia ortodoxas oriental y algunos anglicanos dicen más o menos esto mismo. Zuinglio negó que el Cristo glorificado, que ahora se halla en el cielo, esté presente de manera alguna que pudiera ajustarse a las palabras *corporal, física* o *localmente*. Calvino sostenía que, a pesar de que el pan y el vino no sufrían cambio alguno (estaba de acuerdo con Zuinglio en que la palabra *es* en "esto es mi cuerpo [...] mi sangre" significa "representa"; no "constituye"), Cristo concede a los adoradores por medio del Espíritu un disfrute auténtico de su presencia personal y los lleva a la comunión consigo mismo en los cielos (He. 12:22-24) de una forma que es gloriosa y muy real, aunque indescriptible.

En cuanto a la segunda cuestión, todos los reformadores insistieron en decir que, en la mesa, damos gracias a Cristo por su labor terminada y aceptada de expiación, en lugar de repetirla, renovarla, reofrecerla, representarla o reactivarla, como afirma la doctrina católica romana sobre la misa.

El rito prescrito de la Cena tiene tres niveles de significado para los participantes. En primer lugar, tiene una referencia al *pasado,* a la muerte de Cristo que recordamos. En segundo lugar, tiene una referencia al *presente,* a nuestra alimentación corporativa en Él por la fe, con consecuencias en nuestra manera de tratar a los demás creyentes (1 Co. 11:20-22). En tercer lugar, tiene una referencia al *futuro*, puesto que esperamos el regreso de Cristo y nos alienta pensar en ello. Se nos aconseja un examen previo de nosotros mismos, para asegurarnos de que nuestro estado de ánimo es adecuado (1 Co. 11:28) y la sabiduría de este consejo resulta evidente.

LA DISCIPLINA

La iglesia debe mantener en alto las normas cristianas

Por tanto, si tu hermano peca contra ti, ve y repréndele estando tú y él solos; si te oyere, has ganado a tu hermano. Mas si no te oyere, toma aún contigo a uno o dos, para que en boca de dos o tres testigos conste toda palabra. Si no los oyere a ellos, dilo a la iglesia; y si no oyere a la iglesia, tenle por gentil y publicano.

MATEO 18:15-17

El concepto cristiano de la disciplina tiene la misma amplitud que el vocablo latino *disciplina,* que abarca toda la gama de procedimientos de formación, instrucción y adiestramiento que exige el discipulado. Cuando la teología reformada resalta la importancia de la disciplina en la iglesia e insiste en que no hay salud espiritual sin ella y en que es una señal vital de que se trata de una verdadera iglesia, tiene en cuenta más que los simples procesos judiciales contra las personas inmorales y los herejes. Solo donde se enseñan de manera continua las disciplinas personales del aprendizaje y la consagración, la adoración y la comunión, la justicia y el servicio, en un contexto de interés y responsabilidad mutuos (Mt. 28:20; Jn. 21:15-17; 2 Ti. 2:14-26; Tit. 2; He. 13:17), hay un lugar significativo para los correctivos de tipo judicial. No obstante, el Nuevo Testamento enseña con claridad que, en este contexto, los correctivos judiciales ocupan un lugar de importancia en la maduración de las iglesias y las personas (1 Co. 5:1-13; 2 Co. 2:5-11; 2 Ts. 3:6, 14-15; Tit. 1:10-14; 3:9-11).

Jesús instituyó la disciplina eclesial al autorizar a sus apóstoles para atar y desatar (esto es, prohibir y permitir, Mt. 18:18) y para declarar perdonados o retenidos los pecados (Jn. 20:23). Las "llaves del reino", entregadas primero a Pedro y definidas como poder para atar y desatar (Mt. 16:19), se han solido comprender como autoridad para formular doctrina e imponer disciplina; ahora, Cristo ha dado esta autoridad a la iglesia en general y a los pastores encargados en particular.

La Confesión de Westminster declara:

> Las censuras eclesiásticas son necesarias, para rescatar y ganar a los hermanos ofensores, para disuadir a otros de ofensas similares, para purificar de aquella levadura que puede infectar a toda la masa, para vindicar el honor de Cristo y la santa profesión del Evangelio; y para prevenir la ira de Dios, que con justicia podría caer sobre la iglesia, si esta consintiera que el Pacto del Señor y sus sellos [los sacramentos] sean profanados por ofensores notorios y obstinados (XXX.3).

Las censuras eclesiásticas podrían pasar de simples advertencias a la exclusión de la Santa Cena e incluso a la expulsión de la congregación (excomunión), que es descrita como entrega de la persona a Satanás, el príncipe de este mundo (Mt. 18:15-17; 1 Co. 5:1-5, 11; 1 Ti. 1:20; Tit. 3:10-11). Los pecados públicos (es decir, los que son abiertos ante la vista de toda la iglesia) se deben corregir en público en presencia de la iglesia (1 Ti. 5:20; cp. Gá. 2:11-14). Jesús enseña un procedimiento para tratar en privado a aquellos que han delinquido de manera personal, en la esperanza de que no llegue a ser necesario pedir la censura pública de la iglesia sobre ellos (Mt. 18:15-17).

La razón de ser de las censuras eclesiásticas en todas sus formas no es castigar por el castigo mismo, sino producir arrepentimiento y, de esta forma, recuperar a la oveja perdida. A final de cuentas, solo hay un pecado por el cual se excomulga a un miembro de la iglesia: la impenitencia. Cuando es evidente el arrepentimiento, la iglesia debe declarar perdonado el pecado y recibir al pecador de nuevo en su comunión.

LA MISIÓN

Cristo envía a la iglesia al mundo

Entonces Jesús les dijo otra vez: Paz a vosotros. Como me envió
el Padre, así también yo os envío.

Juan 20:21

La palabra *misión* procede del vocablo latino *missio,* que significa
"envío". Las palabras que dijo Jesús a sus primeros discípulos en su
capacidad de representantes siguen teniendo aplicación hoy: "Como
me envió el Padre, así también yo os envío" (Jn. 20:21; cp. 17:18). La
iglesia universal y, por consiguiente, todas las congregaciones locales y
todos los cristianos que están en ellas son enviados al mundo para cumplir con una tarea concreta y definida. Jesús, el Señor de la iglesia, nos
ha dado la orden de marcha. Tanto en lo personal como en lo colectivo,
todos los que forman el pueblo de Dios se hallan ahora en el mundo
cumpliendo con los negocios de su rey.

Esta tarea designada es doble. En primer lugar y de forma fundamental, es la obra de dar testimonio, hacer discípulos y fundar iglesias
a nivel mundial (Mt. 24:14; 28:19-20; Mr. 13:10; Lc. 24:47-48). Por
todas partes, se debe proclamar a Jesucristo como Dios encarnado,
Señor y Salvador, y toda la humanidad debe recibir la invitación
autoritativa de Dios a hallar vida al volverse a Cristo en arrepentimiento y fe (Mt. 22:1-10; Lc. 14:16-24). El ministerio de Pablo
como fundador de iglesias y evangelista al mundo entero mientras
sus fuerzas y las circunstancias lo permitieron (Ro. 1:14; 15:17-29;
1 Co. 9:19-23; Col. 1:28-29) sirve de modelo a esta primera obli-
gación.

En segundo lugar, todos los cristianos y, por consiguiente, todas las congregaciones eclesiales de la tierra, son llamados a practicar obras de misericordia y compasión, un amor al prójimo que llegue hasta las últimas consecuencias y que reaccione sin restricciones ante todas las formas de necesidad humana, tal como se presenten (Lc. 10:25-27; Ro. 12:20-21). La compasión fue el aspecto interno del amor al prójimo que llevó a Jesús a sanar a los enfermos, alimentar a los hambrientos y enseñar a los ignorantes (Mt. 9:36; 15:32; 20:34; Mr. 1:41; Lc. 7:13); los que son nuevas criaturas en Cristo deben sentir una compasión similar. De esta forma, guardan el segundo gran mandamiento y también dan credibilidad a su proclamación de un Salvador que convierte a los pecadores en seres humanos que aman a Dios y a los demás. Si los que presentan este mensaje no manifiestan este poder en su propia vida, su credibilidad queda destruida. Si lo manifiestan, es realzada. Esto fue lo que quiso decir Jesús al imaginar las buenas obras de sus testigos cuando lleven a otros a glorificar al Padre (Mt. 5:16; cp. 1 P. 2:11-12). Las buenas obras deben hacerse visibles, como respaldo de las buenas palabras.

Aunque Jesús preveía la misión a los gentiles (Mt. 24:14; Jn. 10:16; 12:32), consideraba que su ministerio terrenal iba dirigido a "las ovejas perdidas de Israel" (Mt. 15:24). Pablo, el apóstol a los gentiles, siempre iba a los judíos primero dondequiera que evangelizaba (Hch. 13:5, 14, 42-48; 14:1; 16:13; 17:1-4, 10; 18:4-7, 19; 19:8-10; 28:17-28; Ro. 1:16; 2:9-10). El derecho de los judíos a escuchar el evangelio en primer lugar es cuestión de designio divino (Hch. 3:26; 13:26, 46) y el esfuerzo evangelístico dirigido a los judíos debe seguir constituyendo una prioridad mientras la iglesia trata de cumplir su misión. Los judíos cristianos son libres de las leyes ceremoniales, pero también son libres para seguir las costumbres judías que expresan su cultura étnica. La expectativa de antaño de que los judíos cristianos dejen atrás su identidad judía en lugar de regocijarse por ser judíos "completados" es un prejuicio cultural que no tiene base bíblica alguna.

LOS DONES ESPIRITUALES

El Espíritu Santo equipa a la iglesia

Pero a cada uno de nosotros fue dada la gracia conforme a la medida del don de Cristo [...]. Y él mismo constituyó a unos, apóstoles; a otros, profetas; a otros, evangelistas; a otros, pastores y maestros, a fin de perfeccionar a los santos para la obra del ministerio, para la edificación del cuerpo de Cristo.

EFESIOS 4:7, 11-12

El Nuevo Testamento describe iglesias locales en las que algunos cristianos tienen funciones ministeriales formales y oficiales (ancianos/obispos y diáconos, Fil. 1:1), al mismo tiempo que todos cumplen papeles informales de servicio. El ideal del Nuevo Testamento es que todos los miembros del cuerpo de Cristo tengan su ministerio. Está claro que los oficiales que supervisan no deben poner restricciones a los ministerios informales, sino más bien facilitarlos (Ef. 4:11-13) y está igualmente claro que los que ministran de manera informal no deben tener una actitud desafiante ni perturbadora, sino que deben permitir que los supervisores dirijan su ministerio de una forma ordenada y edificante (es decir, fortalecedora y constructiva, 1 Co. 14:3-5, 12, 26, 40; He. 13:17). El cuerpo de Cristo crece hasta la madurez en la fe y el amor cuando cada miembro realiza su "actividad propia" (Ef. 4:16) y cumple con la forma de servicio que ha recibido por gracia (Ef. 4:7, 12).

La palabra *don* (literalmente, "donativo") aparece en relación con el servicio espiritual solo en Efesios 4:7-8. Pablo explica que las palabras "dio dones a los hombres" se relacionan con la entrega a su iglesia, por parte del Cristo ascendido, de personas llamadas y preparadas para los ministerios de apóstol, profeta, evangelista y pastor/maestro. También, por medio del ministerio capacitador de estos funcionarios, Cristo está entregando un papel ministerial de uno u otro tipo a todos los cristianos. En otros textos (Ro. 12:4-8; 1 Co. 12–14), Pablo llama *járismata* (dones que son manifestaciones concretas de la *járis* o gracia, el amor activo y creativo de Dios, 1 Co. 12:4) a estos poderes dados por Dios y también *pneumatiká* (dones espirituales como demostraciones concretas del poder del Espíritu Santo, el *pneúma* de Dios, 1 Co. 12:1).

En medio de muchas cosas oscuras y cuestiones debatidas con respecto a los *járismata* del Nuevo Testamento, resaltan tres certezas. La primera, que un don espiritual es una capacidad para expresar, celebrar, manifestar y, de esta manera, comunicar a Cristo de alguna manera. Se nos dice que los dones, usados correctamente, edifican a los cristianos y a las iglesias. No obstante, solo el conocimiento de Dios en Cristo es el que edifica, de manera que cada *járisma* debe ser una capacidad dada por Cristo para manifestarla y compartirla de una manera edificante.

La segunda, que los dones son de dos tipos. Hay dones verbales y dones de amor, de ayuda práctica. En Romanos 12:6-8, la lista de dones que hace Pablo alterna ambas categorías: el primero, el tercero y el cuarto (profecía, enseñanza y exhortación) son dones verbales; el segundo, el quinto, el sexto y el séptimo (servir, repartir, presidir y hacer misericordia) son dones de ayuda. El hecho de que se los alterne indica que no se debe aceptar la idea de que algún don sea superior a otro. Por mucho que difieran entre sí los dones como formas de actividad humana, todos tienen la misma dignidad y lo único que debemos preguntarnos es si usamos de manera adecuada el don que tenemos (1 P. 4:10-11).

La tercera, que no hay cristiano alguno que no tenga algún don (1 Co. 12:7; Ef. 4:7) y que todos tenemos la responsabilidad de hallar, desarrollar y usar al máximo las capacidades de servicio que Dios nos ha dado.

83

EL MATRIMONIO

El matrimonio tiene por propósito ser
un pacto de relación permanente

Porque Jehová Dios de Israel ha dicho que él aborrece el repudio.

MALAQUÍAS 2:16

El matrimonio es una relación exclusiva en la cual un hombre y una mujer se comprometen entre sí en un pacto de por vida y, basados en este solemne voto, se convierten físicamente en "una sola carne" (Gn. 2:24; Mal. 2:14; Mt. 19:4-6).

El matrimonio fue instituido para la mutua ayuda entre el esposo y la esposa, para la multiplicación de la humanidad por generación legítima, y de la iglesia con una simiente santa; y para la prevención de la impureza [el libertinaje sexual y la inmoralidad] (Confesión de Westminster XXIV.2; Gn. 2:18; 1:28; 1 Co. 7:2-9).

El ideal de Dios para el matrimonio es que el hombre y la mujer experimenten una complementación mutua (Gn. 2:23) y compartan su obra creadora de hacer nuevas personas. El matrimonio es para toda la humanidad, pero es voluntad de Dios que los suyos solo se casen con otro creyente (1 Co. 7:39; cp. 2 Co. 6:14; Esd. 9–10; Neh. 13:23-27). La intimidad en su nivel más profundo es imposible cuando los cónyuges no están unidos en su fe.

Al usar la relación entre Cristo y su iglesia para indicar cómo debe ser el matrimonio, Pablo destaca la responsabilidad especial del esposo como líder y protector de su esposa y el llamado de la esposa a aceptar a su esposo en ese papel (Ef. 5:21-33). Sin embargo, la distinción entre los papeles de ambos no significa que la esposa sea una persona inferior; puesto que ambos llevan en sí la imagen de Dios, el esposo y la esposa son iguales en cuanto a dignidad y valor y deben cumplir la relación entre sus dos papeles a partir de un respeto mutuo enraizado en el reconocimiento de esta realidad.

Dios aborrece el divorcio (Mal. 2:16); sin embargo, proporcionó un procedimiento para llevarlo a cabo que protegería a la divorciada (Dt. 24:1-4). Esto, según dijo Jesús (Mt. 19:8), fue "por la dureza de vuestro corazón". La forma natural de comprender sus enseñanzas en Mateo 5:31-32 y 19:8-9 es que la infidelidad marital (el pecado de adulterio) destruye el pacto matrimonial y justifica el divorcio (aunque sería preferible la reconciliación), pero el que se divorcia de su esposa por cualquier otra razón menor, se hace culpable de adulterio cuando se vuelve a casar y la hace caer a ella en adulterio cuando, a su vez, también se casa de nuevo. En esto, Jesús solo está presentando el principio de que todos los casos de divorcio y nuevo matrimonio conllevan un trastorno de la idea que tiene Dios con respecto a las relaciones entre los sexos. Cuando le preguntaron en qué circunstancias era legal divorciarse, respondió diciendo que el divorcio siempre es deplorable (Mt. 19:3-6), pero no negó que los corazones siguen siendo duros; por eso el divorcio, aunque siempre sea un mal en sí mismo, algunas veces sería permisible si se considera que es un mal menor.

Pablo dice que quien se ha convertido al cristianismo y ha sido abandonado después por el cónyuge incrédulo, no está "sujeto a servidumbre" (1 Co. 7:15). Es evidente que con esto quiere decir que puede dar por terminada su relación. Es motivo de discusión si esto otorga el derecho a volverse a casar y las opiniones reformadas han estado divididas durante largo tiempo al respecto.

La Confesión de Westminster (XXIV.5-6) afirma con cautelosa prudencia lo que, a lo largo de los siglos, la mayoría de los cristianos reformados han acordado con respecto al divorcio, al reflexionar en los textos bíblicos mencionados anteriormente:

En el caso de adulterio después del matrimonio, es lícito para la parte inocente presentar demanda de divorcio, y después del divorcio casarse con otra persona como si la parte ofensora estuviese muerta.

Aunque la corrupción del ser humano sea tal, que le dé aptitud para estudiar argumentos para separar indebidamente a aquellos que Dios ha unido en matrimonio; sin embargo, nada excepto el adulterio, o la deserción obstinada que no pueda ser remediada por la iglesia o el magistrado civil, es causa suficiente para la disolución del lazo matrimonial. Si este fuese el caso, debe observarse un procedimiento público y ordenado, y las personas involucradas en este no deben ser dejadas a su propia voluntad y discreción en su propio caso.

84

LA FAMILIA

El hogar cristiano es una unidad espiritual

Someteos unos a otros en el temor de Dios.

EFESIOS 5:21

La familia (es decir, la casa, que consta de padres e hijos, con la adición de parientes, amigos y sirvientes, o sin ella) es la más antigua y básica de las instituciones humanas. La Biblia destaca su importancia como unidad espiritual y lugar de adiestramiento para la adquisición de carácter adulto maduro.

La familia tiene una estructura interna de autoridad en la que el esposo es líder de la esposa y los padres son líderes de los hijos. Todo liderazgo es una forma de ministerio y no de tiranía, por lo que estos papeles domésticos de liderazgo deben ser cumplidos con amor (Ef. 5:22–6:4; Col. 3:18-21; 1 P. 3:1-7). El cuarto mandamiento exige que la cabeza del hogar guíe a toda su familia en guardar el día de reposo; el quinto exige a los hijos que respeten a sus padres y se sometan a ellos (Éx. 20:8-12; Ef. 6:1-3). Jesús mismo dio ejemplo de ello (Lc. 2:51). Más tarde, se opuso firmemente a ciertos gestos de supuesta piedad que eran, en realidad, evasiones de la responsabilidad hacia los padres (Mr. 7:6-13), y su último acto antes de morir fue proveer para el futuro de su propia madre (Jn. 19:25-27).

La familia debe ser una comunidad donde se enseñe y se aprenda sobre Dios y la santidad. Se debe instruir a los hijos (Gn. 18:18-19; Dt. 4:9; 6:6-8; 11:18-21; Pr. 22:6; Ef. 6:4) y se les debe exhortar a tomar en serio esta instrucción como base para la vida (Pr. 1:8; 6:20). La disciplina, que significa un adiestramiento directivo y correctivo, es necesaria para que los hijos superen las necedades infantiles y llevarlos a una sabiduría llena de dominio propio (Pr. 13:24; 19:18; 22:15; 23:13- 14; 29:15, 17). Así como hay una disciplina amorosa y resuelta en la familia de Dios (Pr. 3:11-12; He. 12:5-11), también la debe haber en la familia humana.

La familia debe funcionar como una unidad espiritual. La pascua del Antiguo Testamento era una ocasión familiar (Éx. 12:3). Josué estaba sentando un ejemplo cuando dijo: "Yo y mi casa serviremos a Jehová" (Jos. 24:15). Los hogares se convirtieron en las unidades de consagración cristiana en los tiempos del Nuevo Testamento (Hch. 11:14; 16:15, 31-33; 1 Co. 1:16). Uno de los requisitos para un oficio en la iglesia era evaluado por la forma en que el candidato gobernaba su casa (1 Ti. 3:4-5, 12; Tit. 1:6).

La edificación de una fuerte vida familiar debe constituir siempre una prioridad en nuestro servicio a Dios.

85

EL MUNDO

Los cristianos están en la sociedad para servirla y transformarla

Pues si habéis muerto con Cristo en cuanto a los rudimentos del mundo, ¿por qué, como si vivieseis en el mundo, os sometéis a preceptos tales como: No manejes, ni gustes, ni aun toques (en conformidad a mandamientos y doctrinas de hombres), cosas que todas se destruyen con el uso?

COLOSENSES 2:20-22

En el Nuevo Testamento, algunas veces la palabra *mundo* significa lo mismo que en el Antiguo Testamento; es decir, esta tierra, el buen orden natural creado por Dios. Sin embargo, lo más usual es que se refiera a la humanidad como un todo, ahora caída en el pecado y en el desorden moral, y radicalmente contraria a Dios y malvada. Hay ocasiones en que ambos sentidos parecen fundirse, de manera que las afirmaciones respecto al mundo llevan en sí el complejo matiz de un pueblo perverso, que incurre en culpa y vergüenza por el mal uso que hace de las cosas creadas.

Los cristianos son enviados al mundo por su Señor (Jn. 17:18) para testificar del Cristo de Dios y de su reino (Mt. 24:14; cp. Ro. 10:18; Col. 1:6, 23) y para servirlo en sus necesidades. Sin embargo, deben hacerlo sin caer víctimas de su materialismo (Mt. 6:19-24, 32), su despreocupación con respecto a Dios y a la vida eterna (Lc. 12:13-21) y su orgullosa búsqueda del placer, las ganancias y las posiciones, con exclusión de todo lo demás (1 Jn. 2:15-17). En la actualidad, el mundo es el reino de Satanás (Jn. 14:30; 2 Co. 4:4; 1 Jn. 5:19; cp. Lc. 4:5-7) y las actitudes y formas de pensar de las sociedades humanas reflejan más el orgullo que manifiesta Satanás que la humildad que manifiesta Cristo.

Al igual que Cristo, los cristianos deben ser comprensivos ante las ansiedades y necesidades de los demás humanos a fin de servirlos y comunicarse con ellos de una manera eficaz. Sin embargo, deben hacerlo sin apegarse al mundo en sus motivaciones, puesto que van de paso por él momentáneamente, mientras viajan hacia su hogar con Dios y con el único propósito de agradarlo a Él (Col. 1:9-12; 1 P. 2:11). El alejamiento monástico de este mundo no es aprobado (Jn. 17:15), pero tampoco lo es la mundanalidad (es decir, toda internalización del interés egoísta terrenal de los habitantes de este mundo: Tit. 2:12). Jesús exhorta a sus discípulos a ponerse a la altura del ingenio de los hombres mundanos, utilizando sus recursos para hacer avanzar sus metas, pero especifica que sus metas correctas no tienen que ver con la seguridad terrenal, sino con la gloria celestial (Lc. 16:9).

Por consiguiente, lo primero que exige Dios a los cristianos en este mundo es que sean diferentes a quienes los rodean, que observen los principios morales absolutos de Dios, que practiquen el amor, que eviten un libertinaje vergonzoso y que no pierdan su dignidad como portadores de la imagen de Dios con ninguna forma de autoindulgencia irresponsable (Ro. 12:2; Ef. 4:17-24; Col. 3:5-11). Lo que pide es un claro rompimiento con los sistemas de valores y estilos de vida del mundo como base para practicar la semejanza a Cristo en términos positivos (Ef. 4:25–5:17).

La tarea que tiene el cristiano ante sí es triple. El principal mandato recibido por la iglesia es el de evangelizar (Mt. 28:19-20; Lc. 24:46-48), y todo cristiano debe buscar por todos los medios promover la conversión de los incrédulos. Aquí es significativa la huella que deja el cambio realizado en su propia vida (1 P. 2:12). También, el amor al prójimo debe llevar de continuo a los cristianos a la realización de obras de misericordia de todas clases. Además de esto, los cristianos son llamados a cumplir el "mandato cultural" dado por Dios a la humanidad en el momento de la creación (Gn. 1:28-30; Sal. 8:6-8). El hombre fue hecho para administrar el mundo de Dios y esta mayordomía forma parte de la vocación humana en Cristo. Exige trabajo duro, con la honra de Dios y el bien de los demás como meta. Esta es la verdadera "ética de trabajo" protestante. Esencialmente, es una disciplina religiosa, el cumplimiento de un "llamado" divino.

Sabedores de que Dios, en su providencial bondad e indulgencia, sigue conservando y enriqueciendo a su mundo descarriado aun ante el pecado humano (Hch. 14:16-17), los cristianos deben participar en todas las formas de actividad humana legales y, al hacer esto en función del sistema de valores y la visión de la vida cristiana, se convertirán en sal (un conservante que hace que las cosas sepan mejor) y luz (una iluminación que muestra el camino a seguir) en la comunidad humana (Mt. 5:13-16). Cuando los cristianos cumplen de esta forma con su vocación, el cristianismo se convierte en una fuerza cultural transformadora.

EL ESTADO

Los cristianos deben respetar el gobierno civil

Sométase toda persona a las autoridades superiores; porque no hay autoridad sino de parte de Dios, y las que hay, por Dios han sido establecidas. De modo que quien se opone a la autoridad, a lo establecido por Dios resiste; y los que resisten, acarrean condenación para sí mismos.

ROMANOS 13:1-2

El gobierno civil es un medio dispuesto por Dios para gobernar las comunidades. Es uno de diferentes medios, junto con los ministros en la iglesia, los padres en el hogar y los maestros en la escuela. Cada uno de estos medios tiene su propia esfera de autoridad bajo Cristo, quien gobierna ahora el universo en nombre de su Padre; además, cada esfera tiene que ser delimitada en referencia a las demás. En nuestro mundo caído, estas estructuras de autoridad son instituciones de la "gracia común" (bondadosa providencia) de Dios, que se levantan como baluarte contra la anarquía, la ley de la selva y la disolución del orden social.

A partir de Romanos 13:1-7 y 1 Pedro 2:13-17, la Confesión de Westminster define así la esfera del gobierno civil:

Dios, el supremo Señor y Rey de todo el mundo, ha instituido a los magistrados civiles, para estar, bajo Él, sobre el pueblo, para su propia gloria y para el bien público. Para dicho fin los ha armado con el poder de la espada, para la defensa y estímulo de los que son buenos, y para castigo de los malhechores [...]. El magistrado civil no debe arrogarse la administración de la Palabra y de los sacramentos, o el poder de las llaves del reino de los cielos (XXIII.1, 3).

Puesto que el gobierno civil existe para el bienestar de toda la sociedad, Dios le da el poder de la espada (es decir, el uso legítimo de la fuerza para hacer cumplir las leyes justas: Ro. 13:4). Los cristianos deben reconocer esto como parte del orden dispuesto por Dios (Ro. 13:1-2). Sin embargo, las autoridades civiles no deben usar este poder para perseguir a los que pertenezcan o no pertenezcan a ninguna religión en particular, ni tampoco para apoyar ninguna forma de mal.

Es correcto que el Estado recaude impuestos por los servicios que presta (Mt. 22:15-21; Ro. 13:6-7). Sin embargo, si prohíbe lo que Dios exige o exige lo que Dios prohíbe, se hace ineludible alguna forma de desobediencia civil, con la aceptación de sus consecuencias penales (con lo cual demostramos que reconocemos la autoridad que los gobiernos como tales han recibido de Dios: Hch. 4:18-31; 5:17-29).

Los cristianos deben exhortar a los gobiernos a cumplir con su papel en la forma debida. Deben orar por ellos, obedecerlos y, sin embargo, vigilarlos (1 Ti. 2:1-4; 1 P. 2:13-14), para recordarles que Dios los ha puesto para gobernar, proteger y mantener el orden, y no para tiranizar. En un mundo caído, en que lo normal es que el poder corrompa, las instituciones democráticas que dividen el poder ejecutivo entre muchos y hacen que quienes lo ejercen tengan que responder ante el pueblo, suelen ofrecer de ordinario la mejor esperanza para evitar la tiranía y conseguir justicia para todos.

DIOS REVELADO COMO SEÑOR DEL DESTINO

87

LA PERSEVERANCIA

Dios mantiene seguro a su pueblo

Y a los que predestinó, a estos también llamó; y a los que llamó,
a estos también justificó; y a los que justificó, a estos también
glorificó.

ROMANOS 8:30

Digamos en primer lugar que, al declarar la seguridad eterna del pueblo de Dios, es más claro hablar de su conservación que, como se suele hacer, de su perseverancia. Perseverar significa persistir en medio del desaliento y de las presiones contrarias. La afirmación de que los creyentes perseveran en la fe y la obediencia a pesar de todo es cierta, pero su razón es que Jesucristo persiste en conservarlos por medio del Espíritu.

Las Escrituras insisten en esto. Juan nos dice que Jesucristo, el Buen Pastor, ha prometido a su Padre (Jn. 6:37-40) y directamente a sus ovejas (Jn. 10:28-29) que cuidará de ellas para que nunca perezcan. En su oración sacerdotal antes de su pasión, le pidió al Padre que aquellos que Él le había dado (Jn. 17:2, 6, 9, 24) fueran conservados para la gloria, y es inconcebible que su oración, que aún continúa (Ro. 8:34; He. 7:25), quede sin respuesta.

Pablo ve el plan soberano de Dios para la salvación de sus elegidos como un todo unitario, del que forma parte la glorificación de los justificados (Ro. 8:29-30). Sobre esta base, construye el brillante discurso de Romanos 8:31-39, en el que celebra la seguridad presente y futura de los santos en el amor omnipotente de Dios. En otros textos, se regocija en la certeza de que Dios terminará la "buena obra" que ha comenzado en la vida de su audiencia (Fil. 1:6; cp. 1 Co. 1:8-9; 1 Ts. 5:23-24; 2 Ts. 3:3; 2 Ti. 1:12; 4:18).

La teología reformada se hace eco de este énfasis. La Confesión de Westminster declara:

> Los que han sido aceptados por Dios en su Hijo Amado, eficazmente llamados y santificados por su Espíritu, no pueden caer total ni finalmente del estado de gracia, sino que ciertamente perseverarán en ella hasta el final y serán salvos eternamente (XVII.1).

Esta doctrina afirma que los que han sido regenerados son salvos por medio de la perseverancia en la fe y en el estilo de vida cristiano hasta el final (He. 3:6; 6:11; 10:35-39) y que Dios es quien los mantiene en esa perseverancia. Esto no significa que todos los que hayan profesado conversión serán salvos. Existen las profesiones falsas; el entusiasmo momentáneo desaparece (Mt. 13:20-22); muchos de los que le dicen a Jesús "Señor, Señor" no serán reconocidos (Mt. 7:21-23). Solo los que manifiesten ser regenerados al buscar la santidad de corazón y el verdadero amor al prójimo, mientras pasan por este mundo, tienen derecho a creerse seguros en Cristo. El sendero que conduce a la gloria es la perseverancia en la fe y la penitencia, y no en un simple formalismo cristiano. Suponer que la creencia en la perseverancia conduce al descuido en la vida y a una presunción llena de arrogancia es tener un concepto totalmente errado de esta.

Algunas veces, los que han sido regenerados recaen y cometen graves pecados. Sin embargo, en esto actúan en contra de su personalidad; violentan su propia naturaleza nueva y se crean a sí mismos una profunda angustia, de tal manera que terminan por buscar y hallar la restauración a la justicia. Cuando miran al pasado, su caída les parece un momento de locura. Cuando los creyentes regenerados actúan según su personalidad, manifiestan un anhelo agradecido y humilde por agradar al Dios que los salvó, y saber que Él ha prometido mantenerlos seguros para siempre solo sirve para aumentar este anhelo.

EL PECADO IMPERDONABLE

Solo la impenitencia carecerá de perdón

De cierto os digo que todos los pecados serán perdonados a los hijos de los hombres, y las blasfemias cuales quiera que sean; pero cualquiera que blasfema contra el Espíritu Santo, no tiene jamás perdón, sino que es reo de juicio eterno.

MARCOS 3:28-29

Cuando Jesús advirtió a los fariseos que la blasfemia contra el Espíritu Santo era imperdonable, tanto en este mundo como en el otro (Mt. 12:32; Mr. 3:29-30), fue porque ellos estaban afirmando que Él exorcizaba a los demonios por ser aliado de Satanás (Beelzebú). Su advertencia reveló su actitud con respecto al estado espiritual de ellos.

Podía orar por el perdón de aquellos cuya blasfemia contra sí mismo era fruto de la ignorancia y, de hecho, más tarde lo haría: "Padre, perdónalos, porque no saben lo que hacen" (Lc. 23:34). Sin embargo, no era así como veía a los fariseos.

Es posible que una persona tenga una comprensión tal que, internamente, sepa que Jesús es el Salvador divino que Él afirma ser y, con todo, no estar dispuesta a admitirlo en público, debido a todos los cambios de conducta que esta admisión haría necesarios. Es posible tratar de hacerse sentir bien a uno mismo con respecto a su propia falta de honradez moral al inventar razones, por absurdas que sean, para no tratar a Jesús como alguien digno de nuestra fidelidad. Es evidente que Jesús percibió que eso era precisamente lo que estaban haciendo los fariseos al llamarlo sirviente de Satanás. No eran ignorantes; estaban reprimiendo la convicción y sofocando un conocimiento real, aunque indeseado; estaban cerrando los ojos firmemente ante la luz y encalleciendo su conciencia al llamarla tinieblas. La locura que Jesús puso al descubierto en las palabras de ellos (Mt. 12:25-28) era una prueba de la presión de la convicción que sentían; el razonamiento irracional suele ser una señal de resistencia ante la convicción.

Al atribuir al poder satánico los exorcismos producidos por medio del Espíritu Santo (Mt. 12:28), los fariseos estaban blasfemando (hablando con impiedad) contra el Espíritu. Un pecado así se volvía imperdonable cuando la conciencia se había encallecido por llamar bien al mal, de tal forma que quedaba destruido todo sentido de la gloria moral que contenían las poderosas obras de Jesús (que, en un sentido muy real, constituían sus credenciales: Mt. 11:2-6; Jn. 10:38; 14:11). Este endurecimiento del corazón contra Jesús evitaría todo remordimiento en el futuro por haber blasfemado así. Cuando no existe remordimiento, el arrepentimiento se vuelve imposible y, cuando no existe arrepentimiento, el perdón es imposible.

Por tanto, endurecer la propia conciencia con razonamientos deshonestos a fin de justificar nuestro rechazo del poder de Dios en Cristo y de sus derechos sobre nosotros es la fórmula del pecado imperdonable. Otra versión de este pecado, esta vez en cristianos profesos que se apartan de Cristo, se halla descrita en Hebreos 6:4-8. Los cristianos que temen haber cometido el pecado imperdonable demuestran, por su misma ansiedad, que no lo han cometido. Las personas que lo han cometido no tienen remordimiento ni preocupación; de hecho, no suelen estar conscientes de lo que han hecho ni del destino al que se han sentenciado ellos mismos. Jesús vio que los fariseos se estaban poniendo en peligro de cometer este pecado y habló como lo hizo con la esperanza de impedir que cayeran plenamente en él.

89
LA MORTALIDAD

Los cristianos no deben temer a la muerte

Porque para mí el vivir es Cristo, y el morir es ganancia. Mas si el vivir en la carne resulta para mí en beneficio de la obra, no sé entonces qué escoger. Porque de ambas cosas estoy puesto en estrecho, teniendo deseo de partir y estar con Cristo, lo cual es muchísimo mejor; pero quedar en la carne es más necesario por causa de vosotros.

FILIPENSES 1:21-24

No sabemos cómo habrían salido de este mundo los humanos de no haber tenido lugar la caída; algunos dudan de que hubieran salido de este jamás. Sin embargo, tal como son las cosas, la separación del cuerpo y el alma por medio de la muerte corporal, que es al mismo tiempo fruto del pecado y juicio de Dios (Gn. 2:17; 3:19, 22; Ro. 5:12; 8:10; 1 Co. 15:21), es una de las cosas ciertas de la vida. Esta separación del alma (la persona) y del cuerpo es señal y emblema de la separación espiritual de Dios que produjo la muerte física (Gn. 2:17; 5:5) y que se hará más profunda después de la muerte para aquellos que dejen este mundo sin Cristo. Por consiguiente, es natural que la muerte aparezca como un enemigo (1 Co. 15:26) y como algo aterrador (He. 2:15).

El terror de la muerte física queda abolido para los cristianos, aunque siga siendo desagradable morir. Jesús, su Salvador resucitado, pasó Él mismo por una muerte más traumática que la que tendrá que enfrentar cualquier cristiano jamás, y ahora vive para sostener a sus siervos cuando pasan de este mundo al lugar que Él les ha preparado en el otro mundo (Jn. 14:2-3). Los cristianos deben considerar su propia muerte futura como una cita en el calendario de Jesús; cita que Él cumplirá fielmente. Pablo pudo decir: "Porque para mí el vivir es Cristo, y el morir es ganancia [...] teniendo deseo de partir y estar con Cristo, lo cual es muchísimo mejor" (Fil. 1:21, 23), puesto que estar "ausentes del cuerpo" significará estar "presentes al Señor" (2 Co. 5:8).

Al morir, el alma del creyente (es decir, el creyente mismo, como persona que sigue existiendo) es perfeccionada en la santidad y entra a la vida de adoración del cielo (He. 12:22-24). En otras palabras, el creyente es glorificado. Algunos que no creen esto suponen que existe una disciplina de purgatorio después de la muerte, que es, en realidad, otra etapa en la santificación, durante la cual se va purificando el corazón de manera progresiva y refinando la personalidad en preparación para la visión de Dios. Sin embargo, esta creencia no es ni bíblica ni lógica, porque, si al venir Cristo, los santos que estén vivos sobre la tierra serán perfeccionados moral y espiritualmente en el instante de su transformación corporal (1 Co. 15:51-54), es natural suponer que lo mismo le sucede a cada creyente en el momento de su muerte, cuando deja atrás su cuerpo mortal. Otros suponen que hay un estado de inconsciencia (el sueño del alma) entre la muerte y la resurrección, pero las Escrituras hablan de relaciones, actos y goces conscientes (Lc. 16:22; 23:43; Fil. 1:23; 2 Co. 5:8; Ap. 6:9-11; 14:13).

La muerte es decisiva en cuanto al destino de la persona. Después de ella, no hay posibilidad de salvación para los perdidos (Lc. 16:26): a partir de ese momento, santos e impíos cosechan lo que hayan sembrado en esta vida (Gá. 6:7-8).

Para los creyentes, la muerte es ganancia (Fil. 1:21), porque después de ella se hallan más cerca de Cristo. Sin embargo, la pérdida del cuerpo como tal no es ganancia; el cuerpo es instrumento de expresión y experiencia, y estar sin cuerpo significa estar limitado e incluso empobrecido. Por eso, Pablo quiere ser "revestido" con su cuerpo de resurrección (esto es, volver a tener cuerpo), más que ser "desvestido" (es decir, dejar de tener cuerpo, 2 Co. 5:1-4). La verdadera esperanza cristiana consiste en ser resucitados para la vida del cielo. Así como la vida en el estado "intermedio" o "provisional" entre la muerte y la resurrección es mejor que la vida anterior en este mundo, la vida en la resurrección será mejor aún. De hecho, será la mejor posible. Y esto es lo que Dios tiene reservado para todos sus hijos (2 Co. 5:4-5; Fil. 3:20-21). ¡Aleluya!

LA SEGUNDA VENIDA

Jesucristo regresará a la tierra en gloria

> Pero acerca de los tiempos y de las ocasiones, no tenéis necesidad, hermanos, de que yo os escriba. Porque vosotros sabéis perfectamente que el día del Señor vendrá así como ladrón en la noche; que cuando digan: Paz y seguridad, entonces vendrá sobre ellos destrucción repentina, como los dolores a la mujer encinta, y no escaparán. Mas vosotros, hermanos, no estáis en tinieblas, para que aquel día os sorprenda como ladrón.
>
> 1 Tesalonicenses 5:1-4

El Nuevo Testamento anuncia una y otra vez que Jesucristo regresará un día. Esta será su "visita real", su "aparición" y "venida" (en griego, *parousía*). Cristo regresará a este mundo en gloria. El segundo advenimiento del Salvador será personal y físico (Mt. 24:44; Hch. 1:11; Col. 3:4; 2 Ti. 4:8; He. 9:28), visible y triunfante (Mr. 8:38; 2 Ts. 1:10; Ap. 1:7). Jesús vendrá para dar fin a la historia, resucitar a los muertos y juzgar al mundo (Jn. 5:28-29), para impartir a los hijos de Dios su gloria definitiva (Ro. 8:17-18; Col. 3:4) y para señalar el comienzo de un universo reconstruido (Ro. 8:19-21; 2 P. 3:10-13). El cumplimiento de esta agenda por parte suya será la última fase y el triunfo final de su reino mediador. Una vez hechas estas cosas, la aplicación de la redención contra la hostilidad satánica, que era la labor concreta del reino, habrá terminado. Cuando Pablo dice que Cristo entonces "[entregará] el reino" al Padre y se someterá a Él (1 Co. 15:24-28), no está implicando que se producirá disminución alguna en el honor de Cristo a partir de ese momento, sino que está señalando la terminación del plan para llevar a los elegidos al cielo, para cuyo cumplimiento había sido coronado el Hijo resucitado. Los elegidos en gloria, purificados y perfectos, honrarán para siempre al Cordero como el que fue capaz de abrir el libro del plan de Dios para la realización y aplicación de la redención en la historia, y hacer que sucediera lo que estaba planificado (Ap. 5). En la Nueva Jerusalén, Dios y el Cordero están sentados en su trono y reinan juntos para siempre (Ap. 22:1, 3), pero este reinado es la continuación de la relación de Señor y siervos entre Dios y los santos, que sigue a la era del reino mediador, más que la continuación de dicho reino como tal.

En 1 Tesalonicenses 4:16-17, Pablo enseña que la venida de Cristo tendrá la forma de un descenso desde los cielos, anunciado por un toque de trompeta, un grito y la voz del arcángel. Los que murieron en Cristo ya habrán sido resucitados y estarán con Él, y todos los cristianos que estén sobre la tierra serán "arrebatados" (es decir, llevados a las nubes para reunirse con Cristo en el aire) de manera que puedan regresar de inmediato a la tierra con Él como parte de su escolta triunfante. La idea de que el arrebatamiento los saca de este mundo por un período de tiempo antes de que Cristo aparezca por tercera vez para una segunda "segunda venida" ha sido sostenida por muchos, pero carece de apoyo bíblico.

Aunque algunos de los detalles que da Pablo tengan un significado simbólico (la trompeta, como una corneta militar, exige atención a la actividad de Dios, Éx. 19:16, 19; Is. 27:13; Mt. 24:31; 1 Co. 15:52; las nubes significan la presencia activa de Dios, Éx. 19:9, 16; Dn. 7:13; Mt. 24:30; Ap. 1:7), parece estar hablando en sentido literal, y que lo que describe se halle más allá del poder de nuestra imaginación no debería impedir que aceptemos su palabra de que así será.

El Nuevo Testamento especifica mucho de lo que sucederá entre las dos venidas de Cristo, pero con la excepción de la caída de Jerusalén en el 70 d. C. (Lc. 21:20, 24), las predicciones señalan procesos, más que sucesos singulares identificables, y no permiten calcular ni siquiera una fecha aproximada para la reaparición de Jesús. El mundo gentil será llamado a la fe (Mt. 24:14); los judíos serán introducidos al reino

(Ro. 11:25-29, un pasaje que puede o no anticipar una conversión nacional); habrá falsos profetas y Cristos o anticristos (Mt. 24:5, 24; 1 Jn. 2:18, 22; 4:3). Habrá apostasía de la fe y tribulación para los que permanezcan fieles (2 Ts. 2:3; 1 Ti. 4:1; 2 Ti. 3:1-5; Ap. 7:13-14; cp. 3:10). Un "hombre de iniquidad", al parecer imposible de identificar, sobre quien Pablo les había hablado a los tesalonicenses en enseñanzas orales que no han llegado hasta nosotros (2 Ts. 2:5), debía o deberá aparecer (2 Ts. 2:3-12). Si el período de mil años del que se habla en Apocalipsis 20:1-10 es en realidad la historia del mundo entre las dos venidas de Cristo, habrá una última lucha culminante de poderes de algún tipo entre las fuerzas anticristianas del mundo y el pueblo de Dios (vv. 7-9). Sin embargo, no se pueden deducir fechas a partir de estos datos; el momento del regreso de Jesús sigue siendo totalmente desconocido.

El regreso de Cristo tendrá la misma importancia para los cristianos que estén vivos cuando tenga lugar, que la muerte para los cristianos que mueran antes de que se produzca: será el final de la vida en este mundo y el comienzo de una vida que ha sido descrita como "un ambiente desconocido con un habitante bien conocido" (cp. Jn. 14:2-3). Cristo enseña (Mt. 24:36-51) que será un trágico desastre que la *parousía* sorprenda a alguien sin estar preparado. En lugar de esto, deberíamos siempre tener en mente lo que sucederá en el futuro, para alentarnos en nuestro servicio cristiano en el presente (1 Co. 15:58) y enseñarnos a vivir como si estuviéramos siempre de guardia, listos para ir al encuentro de Cristo en cualquier momento (Mt. 25:1-13).

LA RESURRECCIÓN GENERAL

Los muertos en Cristo resucitarán en gloria

Pero dirá alguno: ¿Cómo resucitarán los muertos? ¿Con qué cuerpo vendrán? Necio, lo que tú siembras no se vivifica, si no muere antes. Y lo que siembras no es el cuerpo que ha de salir, sino el grano desnudo […]. Así también es la resurrección de los muertos. Se siembra en corrupción, resucitará en incorrupción. Se siembra en deshonra, resucitará en gloria; se siembra en debilidad, resucitará en poder. Se siembra cuerpo animal, resucitará cuerpo espiritual.

1 Corintios 15:35-37, 42-44

Jesús fue el primero en resucitar de entre los muertos (Hch. 26:23) y, cuando Él regrese a este mundo, resucitará a sus siervos a una vida como la suya (1 Co. 15:20-23; Fil. 3:20-21). De hecho, resucitará a toda la raza humana; los que no sean suyos por medio de la fe, serán resucitados para condenación (Jn. 5:29). Los cristianos que estén vivos cuando Él venga, pasarán en ese instante por una maravillosa transformación (1 Co. 15:50-54), mientras que los cristianos que hayan muerto experimentarán un glorioso regreso a su cuerpo (2 Co. 5:1-5).

Habrá continuidad entre el cuerpo mortal y el inmortal, como sucedió en el caso de Jesús, puesto que el cuerpo con el que había muerto fue resucitado. Pablo compara la relación entre el cuerpo resucitado y el mortal con la relación entre la semilla y la planta que brota de ella (1 Co. 15:35-44); debemos notar que esta clase de continuidad permite grandes diferencias entre el punto de partida y el producto final. También, dice Pablo, en todos los casos habrá un contraste en cuanto a calidad. Nuestro cuerpo presente, como el de Adán, es natural y terrenal, sujeto a todo tipo de debilidades y decadencia y, finalmente, termina por perecer. En cambio, nuestro cuerpo resucitado, como el de Cristo, será espiritual (creado, habitado y sostenido por el Espíritu Santo) y pertenecerá a la esfera del orden de cosas eterno, imperecedero, inmortal y celestial (1 Co. 15:45-54).

No obstante, así como los discípulos pudieron reconocer al Jesús resucitado a pesar de los cambios que la resurrección había producido en Él, y así como Moisés y Elías, de nuevo en un cuerpo, fueron reconocibles en el momento de la transfiguración (Mt. 17:3-4) y así como los santos judíos vueltos a un cuerpo fueron reconocibles después de la resurrección de Jesús (Mt. 27:52-53), también los cristianos resucitados se podrán reconocer unos a otros. Podemos esperar una gozosa reunión más allá de este mundo con los creyentes a quienes amábamos y perdimos por la muerte. Esto se halla implícito en 1 Tesalonicenses 4:13-18, texto escrito porque las personas que estaban vivas en Cristo temían haber perdido de manera definitiva a los que habían muerto en Cristo; Pablo escribió como lo hizo sobre el regreso de Cristo para darles la seguridad de que verían de nuevo con toda certeza a sus seres amados cristianos.

Así como el amor inquebrantable y la humildad de Jesús son el modelo al que Dios está conformando nuestra personalidad regenerada, también su cuerpo glorificado, la forma presente de ese cuerpo por medio del cual expresó a la perfección estas cualidades cuando estaba en la tierra, es el modelo para la reconstrucción del nuestro (Fil. 3:21). Ahora, el cuerpo del cristiano es a lo sumo un pobre instrumento para la expresión de los anhelos y los propósitos de su corazón regenerado, y muchas de las debilidades con las que luchan los santos (timidez, irritabilidad, lujuria, depresión, frialdad en las relaciones y demás) están fuertemente relacionadas con nuestra constitución física y con la forma en que esta determina nuestra conducta. El cuerpo que tendremos en la resurrección general será un cuerpo que esté en perfecto acuerdo con nuestra persona perfectamente regenerada y demostrará ser un instrumento perfecto para expresarnos de una manera santa por toda la eternidad.

La glorificación (llamada así por ser una manifestación de Dios en nuestra vida: 2 Co. 3:18) es el termino bíblico que recibe el acto por el que Dios termina lo que comenzó al regenerarnos; esto es, nuestra reconstrucción moral y espiritual para que seamos perfecta y permanentemente conformados a Cristo. La glorificación es una obra de poder transformador, por medio de la cual Dios nos convierte, por fin, en criaturas sin pecado en un cuerpo inmortal. La idea de nuestro estado final glorificado incluye (1) conocimiento perfecto de la gracia, por medio de una extensión ilimitada de nuestros poderes de comprensión (1 Co. 13:12); (2) disfrute perfecto de la visión y compañía del Padre y del Hijo; (3) adoración y servicio perfectos a Dios a partir de una naturaleza perfectamente integrada y un corazón perfectamente entregado al amor y la obediencia; (4) liberación perfecta de todo lo que se experimenta como pecaminoso, malvado, debilitante y frustrante; (5) cumplimiento perfecto de todos los anhelos de los que somos conscientes (no de los apetitos sexuales, Mt. 22:30, ni del hambre y la sed, Ap. 7:16, ni del deseo de dormir, Ap. 22:5; sino del anhelo de una comunión mayor con Dios); (6) terminación perfecta de todo cuanto era bueno y valioso en la vida de este mundo, pero que quedó incompleto porque el anhelo era mayor que la capacidad; y (7) crecimiento personal sin fin en la realización de todas estas cosas perfectas.

Pablo termina en Romanos 8:30 su análisis de la acción por medio de la que Dios salva a sus elegidos con un tiempo pasado sorprendente: "Y a los que justificó, a estos también glorificó". En los tiempos de Pablo, la glorificación era, como aún es, algo futuro para todos, con excepción de Jesús mismo; sin embargo, es evidente que Pablo pensaba que, al ser aquí y ahora la glorificación un punto fijo dentro del plan soberano de Dios, ya es como si se hubiera cumplido. El tiempo pasado tiene como propósito hacernos saber que nuestra glorificación está absolutamente garantizada. Esta es la seguridad y la certeza de la esperanza cristiana.

EL DÍA DEL JUICIO

Dios juzgará a toda la humanidad

Entonces dirá también a los de la izquierda: Apartaos de mí, maldito, al fuego eterno preparado para el diablo y sus ángeles.

MATEO 25:41

La certeza del juicio final forma el marco dentro del cual se presenta el mensaje de la gracia salvadora en el Nuevo Testamento. Pablo en particular insiste en esta certeza y la hace resaltar ante los sofisticados atenienses (Hch. 17:30-31), y la explica en detalle en la primera sección de la Epístola a los Romanos, el libro del Nuevo Testamento que contiene su exposición más completa del evangelio (Ro. 2:5-16). Pablo afirma que Jesucristo nos salva "de la ira venidera", en "el día de la ira y de la revelación del justo juicio de Dios" (1 Ts. 1:10; Ro. 2:5; cp. Jn. 3:36; Ro. 5:9; Ef. 5:6; Col. 3:6; Ap. 6:17; 19:15). A lo largo de las Escrituras, la *indignación*, el *enojo* y la *furia*, de Dios, de las que se hace referencia a menudo, son de juicio. Estas palabras siempre señalan al santo Creador que juzga activamente el pecado, al igual que la palabra *ira* en Romanos 2:5-16. El mensaje del juicio venidero para toda la humanidad, con Jesucristo que completa la obra de su reino mediador en su papel de Juez de parte de su Padre, se ve a lo largo del Nuevo Testamento (Mt. 13:40-43; 25:41-46; Jn. 5:22-30; Hch. 10:42; 2 Co. 5:10; 2 Ti. 4:1; He. 9:27; 10:25-31; 12:23; 2 P. 3:7; Jud. 6-7; Ap. 20:11-15). Cuando vuelva Cristo y se termine la historia, todos los seres humanos de todas las edades serán resucitados para ser juzgados y ocuparán sus lugares ante el tribunal de Cristo. No hay duda de que es imposible imaginarse este acontecimiento, pero la imaginación humana no es la medida de lo que un Dios soberano puede hacer y hará.

En el juicio, todos rendirán cuentas de sí mismos a Dios y Él, por medio de Cristo, "pagará a cada uno conforme a sus obras" (Ro. 2:6; cp. Sal. 62:12; Mt. 16:27; 2 Co. 5:10; Ap. 22:12). Los regenerados (los que han aprendido, como siervos de Cristo que son, a amar la justicia y a anhelar la gloria de un cielo santo) serán reconocidos y, sobre el fundamento de la expiación y los méritos de Cristo a favor de ellos, les será otorgado lo que anhelan. El resto recibirá un destino que estará de acuerdo con el estilo de vida alejado de Dios que han escogido, y les llegará ese destino debido a su propio demérito (Ro. 2:6-11). La medida en que conocían la voluntad de Dios será la norma por la cual será evaluado su demérito (Mt. 11:20-24; Lc. 11:42-48; Ro. 2:12).

El juicio manifestará y, de esta forma, reivindicará de manera definitiva la justicia perfecta de Dios. En un mundo de pecadores, en el que Dios "ha dejado a todas las gentes andar en sus propios caminos" (Hch. 14:16), no es de extrañarse que la maldad abunde tanto y que surjan dudas sobre si Dios, siendo soberano, puede ser justo, o siendo justo, puede ser soberano. Con todo, el que Dios juzgue con justicia es su gloria, y el juicio final será su reivindicación propia definitiva contra las sospechas de que le ha dejado de preocupar la justicia (Sal. 50:16-21; Ap. 6:10; 16:5-7; 19:1-5).

En el caso de los que profesan ser de Cristo, la revisión de sus palabras y obras reales (Mt. 12:36-37) tendrá la utilidad especial de descubrir las evidencias que indiquen si su profesión es fruto de un corazón sincero y regenerado (Mt. 12:33-35) o simplemente el parloteo sin sentido de una religiosidad hipócrita (Mt. 7:21-23). Todo quedará revelado en la vida de todos en el día del juicio (1 Co. 4:5) y cada uno recibirá de Dios según lo que él o ella es en realidad. Aquellos en quienes la fe que profesaban no se manifestó en un nuevo estilo de vida, marcado por el odio al pecado y las obras de amoroso servicio a Dios y a los demás, se perderán (Mt. 18:23-35; 25:34-46; Stg. 2:14-26).

Los ángeles caídos (demonios) serán juzgados en el último día (Mt. 8:29; Jud. 6) y los santos participarán en este proceso (1 Co. 6:3), aunque las Escrituras no revelan con precisión qué papel desempeñarán.

El conocimiento del juicio futuro constituye siempre un llamado al arrepentimiento ahora. Solo el penitente estará preparado para el juicio cuando este llegue.

EL INFIERNO

*Los malvados serán lanzados a una
angustia que no tendrá fin*

Y la muerte y el Hades fueron lanzados al lago de fuego. Esta
es la muerte segunda. Y el que no se halló inscrito en el libro
de la vida fue lanzado al lago de fuego.

APOCALIPSIS 20:14-15

El secularismo sentimental de la cultura occidental moderna, con su exaltado optimismo respecto a la naturaleza humana, su raquítico concepto de Dios y su escepticismo en cuanto a la importancia real de la moralidad personal (en otras palabras, su conciencia corrompida), les hace difícil a los cristianos tomarse en serio la realidad del infierno. La revelación del infierno en las Escrituras da por supuesta una profundidad de comprensión en cuanto a la santidad divina y el pecado humano y demoníaco que la mayoría de nosotros no tenemos. No obstante, la doctrina del infierno aparece en el Nuevo Testamento como algo fundamental dentro del cristianismo y se nos llama a tratar de comprenderla como lo hicieron Jesús y sus apóstoles.

El Nuevo Testamento ve el infierno (*géenna,* como lo llama Jesús, el lugar de incineración, Mt. 5:22; 18:9) como la morada final de aquellos que sean destinados al castigo eterno en el juicio final (Mt. 25:41-46; Ap. 20:11-15). Se lo considera como un lugar de fuego y tinieblas (Jud. 7, 13), de llanto y crujir de dientes (Mt. 8:12; 13:42, 50; 22:13; 24:51; 25:30), de destrucción (2 Ts. 1:7-9; 2 P. 3:7; 1 Ts. 5:3) y de tormento (Ap. 20:10; Lc. 16:23). En otras palabras, un lugar de tormento y angustia absolutos. Si, como parece, estos términos son simbólicos, más que literales (en sentido literal, el fuego y las tinieblas serían mutuamente excluyentes), podemos estar seguros de que la realidad que se halla más allá de los límites de nuestra imaginación excede en horror al símbolo. Las enseñanzas del Nuevo Testamento sobre el infierno tienen el propósito de aterrarnos y de horrorizarnos al asegurarnos que, así como el cielo será mejor de lo que nosotros podamos soñar, también el infierno será peor de lo que podamos concebir. Estas son las cuestiones de la eternidad que necesitamos enfrentar ahora con realismo.

El concepto del infierno es el de una relación negativa con respecto a Dios, una experiencia no tanto de su ausencia, como de su presencia en ira y desagrado. La ira de Dios como fuego consumidor (He. 12:29), la justa condenación recibida de Él por desafiarlo y aferrarnos a los pecados que Él detesta y la privación de todo cuanto es valioso, agradable y digno serán las que darán forma a la experiencia del infierno (Ro. 2:6, 8-9, 12). Este concepto surge al negar de forma sistemática todos los elementos de la experiencia sobre la bondad de Dios, tal como la conocemos los creyentes por medio de la gracia y como toda la humanidad la conoce en sus generosos actos de providencia (Hch. 14:16-17; Sal. 104:10-30; Ro. 2:4). La realidad, como fue dicho anteriormente, será más terrible que el concepto; nadie puede imaginar lo malo que será el infierno.

Las Escrituras consideran que el infierno es interminable (Jud. 13; Ap. 20:10). Las especulaciones sobre una "segunda oportunidad" después de la muerte o de la aniquilación personal de los impíos en algún momento no tienen sustento bíblico alguno.

El infierno aparece en las Escrituras como algo que la misma persona escoge; los que estén en el infierno se darán cuenta de que se sentenciaron ellos mismo a él al amar las tinieblas en lugar de la luz, al decidir no aceptar como Señor a su Creador, al preferir la autoindulgencia del pecado a la autonegación de la justicia y (si tuvieron algún encuentro con el evangelio) al rechazar a Jesús en lugar de acudir a Él (Jn. 3:18-21; Ro. 1:18, 24, 26, 28, 32; 2:8; 2 Ts. 2:9-11). La revelación general enfrenta a toda la humanidad con esta cuestión y, desde este punto de vista, el infierno es el gesto de respeto de Dios por la decisión que tome el ser humano. Todos reciben lo que ellos han escogido en realidad: o estar con Dios para siempre, adorándolo, o estar sin Dios para siempre, adorándose a sí mismos. Los que estén en el infierno sabrán no solo que se lo merecen por lo que han hecho, sino también que ellos mismos lo escogieron en su corazón.

El propósito de las enseñanzas bíblicas sobre el infierno es hacernos valorar, aceptar con gratitud y preferir racionalmente la gracia de Cristo que nos salva de él (Mt. 5:29-30; 13:48-50). Realmente, el que Dios hable de manera tan explícita sobre el infierno en las Escrituras es una manifestación de misericordia con la humanidad. Ahora, no podremos decir que no se nos advirtió.

EL CIELO

Dios recibirá a los suyos en el gozo eterno

No se turbe vuestro corazón: creéis en Dios, creed también en mí. En la casa de mi Padre muchas moradas hay; si así no fuera, yo os lo hubiera dicho; voy, pues, a preparar lugar para vosotros. Y si me fuere y os preparare lugar, vendré otra vez, y os tomaré a mí mismo, para que donde yo estoy vosotros también estéis.

Juan 14:1-3

La palabra *cielo*, cuyos equivalentes tanto en hebreo como en griego se refieren a la esfera atmosférica que rodea la tierra, es el término bíblico para hablar de la habitación de Dios (Sal. 33:13-14; Mt. 6:9), el lugar donde se halla su trono (Sal. 2:4); el lugar de su presencia, al que ha regresado el Cristo glorificado (Hch. 1:11); el lugar donde ahora se unen en adoración la iglesia militante y la triunfante (He. 12:22-25); y el lugar donde un día estarán los que son de Cristo con su Salvador para siempre (Jn. 17:5, 24; 1 Ts. 4:16-17). Se describe como un lugar de descanso (Jn. 14:2), una ciudad (He. 11:10) y una patria (He. 11:16). En algún momento futuro, al regresar Cristo para juzgar, tomará la forma de un cosmos reconstruido (2 P. 3:13; Ap. 21:1).

Pensar que el cielo es un lugar es algo más correcto que equivocado, aunque la palabra nos podría engañar. El cielo aparece en las Escrituras como una realidad en el espacio, que toca y penetra todo el espacio creado. En Efesios, Pablo sitúa en el cielo tanto el trono de Cristo a la diestra del Padre (Ef. 1:20) como las bendiciones espirituales y la vida resucitada en Cristo de los cristianos (Ef. 1:3; 2:6). La expresión "los lugares celestiales" de Efesios 1:3, 20; 2:6; 3:10 y 6:12 es una variante literaria de la palabra "cielo". Pablo menciona una experiencia que tuvo en el "tercer cielo" o "paraíso" (2 Co. 12:2, 4). Sin duda, se debe distinguir el cielo donde está el trono de Dios de las regiones celestes ocupadas por poderes espirituales hostiles (Ef. 6:12). Nos espera la posesión de un cuerpo resucitado adaptado a la vida del cielo (2 Co. 5:1-8) y, estando en ese cuerpo, veremos al Padre y al Hijo (Mt. 5:8; 1 Jn. 3:2). Sin embargo, mientras estamos en nuestro cuerpo actual, las realidades del cielo nos resultan invisibles y normalmente imperceptibles, y solo las conocemos por fe (2 Co. 4:18; 5:7). Con todo, nunca debemos olvidar lo cercanos que están a nosotros el cielo y sus habitantes —el Padre, el Hijo y el Espíritu, los santos ángeles y los espíritus demoníacos—, porque todo esto tiene una sólida realidad espiritual.

Las Escrituras nos enseñan a formar nuestro concepto sobre la vida del cielo mediante (1) extrapolar de la relación imperfecta que tenemos ahora con Dios Padre, Hijo y Espíritu, con otros cristianos y con las cosas creadas, a la idea de una relación perfecta, libre de toda limitación, frustración y fallo; (2) eliminar de nuestra idea de una vida para Dios toda forma de dolor, mal, conflicto y tensión, tal como los experimentamos aquí en la tierra; y (3) enriquecer lo que nos imaginamos sobre ese futuro feliz al añadirle todo lo que conozcamos que sea excelente y que constituya un disfrute dado por Dios. Las visiones sobre la vida celestial que hay en Apocalipsis 7:13-17 y 21:1–22:5 se apoyan en estas tres formas de concebirla.

Según las Escrituras, el gozo constante que ofrecerá la vida del cielo a los redimidos brotará de (1) la visión de Dios en el rostro de Jesucristo (Ap. 22:4); (2) su experiencia continua del amor de Cristo en su ministerio hacia ellos (Ap. 7:17); (3) su comunión con los seres amados y con todo el cuerpo de los redimidos; y (4) el crecimiento, la madurez, el aprendizaje, el enriquecimiento de capacidades y engrandecimiento de poderes continuos que Dios les tiene reservado. Los redimidos anhelan todas estas cosas y, sin ellas, su felicidad no podría estar completa, pero en el cielo no habrá anhelos sin cumplir.

Habrá diferentes grados de bienaventuranza y recompensa en el cielo. Todos serán bendecidos hasta el límite de lo que puedan recibir, pero sus capacidades variarán, de la misma forma que lo hacen en este mundo. En cuanto a las recompensas (un aspecto en el que la falta de responsabilidad en el presente nos puede causar pérdidas permanentes en el futuro: 1 Co. 3:10-15), debemos comprender dos puntos. El primero es que, cuando Dios recompensa nuestras obras, está coronando sus propios dones, porque solo por gracia nos ha sido posible realizar esas obras. El segundo es que la esencia de la recompensa en cada caso será más del anhelo más grande del creyente; esto es, una profundización de su relación de amor con el Salvador, que es la realidad hacia lo que señalan todas las imágenes bíblicas de coronas honoríficas, mantos y banquetes. La recompensa es paralela a la recompensa del cortejo, que consiste en el enriquecimiento de la propia relación de amor por medio del matrimonio.

Por consiguiente, la vida de la gloria celestial es un compuesto de ver a Dios en Cristo y por medio de Él, y recibir el amor del Padre y del Hijo hacia nosotros, de descansar (Ap. 14:13) y de trabajar (Ap. 7:15), de alabar y de adorar (Ap. 7:9-10; 19:1-5) y de tener comunión con el Cordero y con los santos (Ap. 19:6-9).

Tampoco tendrá fin (Ap. 22:5). Su condición de eterna forma parte de su gloria; sempiterna, podríamos decir, es la gloria de la gloria.

Los corazones en la tierra, en medio de una experiencia gozosa dicen:
"No quisiera que esto terminara jamás". Sin embargo, se termina.
Los corazones de quienes están en el cielo dicen:
"Quiero que esto perdure para siempre".
Y así será. No puede haber
mejor noticia
que esta.

ÍNDICE DE LAS ESCRITURAS

Salmos

libro de............. 21, 37,
                        62, 110

NUESTRA VISIÓN

Maximizar el efecto de recursos cristianos de calidad que transforman vidas.

NUESTRA MISIÓN

Desarrollar y distribuir productos de calidad —con integridad y excelencia—, desde una perspectiva bíblica y confiable, que animen a las personas a conocer y servir a Jesucristo.

NUESTROS VALORES

Nuestros valores se encuentran fundamentados en la Biblia, fuente de toda verdad para hoy y para siempre. Nosotros ponemos en práctica estas verdades bíblicas como fundamento para las decisiones, normas y productos de nuestra compañía.

Valoramos la excelencia y la calidad
Valoramos la integridad y la confianza
Valoramos el mérito y la dignidad de los individuos
    y las relaciones
Valoramos el servicio
Valoramos la administración de los recursos

Para más información acerca de nuestra editorial y los productos que publicamos visite nuestra página en la red: www.portavoz.com